海派文化丛书

海派收藏

吴少华　顾惠康著

文匯出版社

编委会

总序

　　在中国所有的城市中，没有也不可能有两个城市是完全相同的，每个城市都有各自的特点和个性。上海，无论是城市的形成过程、发展道路，还是外观风貌、人文内蕴，抑或是民间风俗习惯等，都有鲜明的特点和个性，有些方面还颇具奇光异彩！

　　如果要我用一个字来形容上海这座城市，我以为唯独一个"海"字，别无选择。

　　上海是海。据研究表明，今上海市的大部分地区，尤其是市中心地区，在六千多年以前，尚是汪洋一片。随着时间的推移，长江的奔流不息，大海的潮涨潮落，渐渐淤积成了新的陆地，以打鱼为生的先民们开始来这一带活动。滩涂湿地渐长，围海造地渐移，渔民顺势东进，于是出现了叫上海浦、下海浦的两个小渔村，由此迅速发展起来。到南宋咸淳三年（1267年），在今小东门十六铺岸边形成集镇，称上海镇。后于1292年正式设置上海县，县署就在今老城厢内的旧校场路上。一个新兴的中国滨海城市就这样开始崛起。所以我认为，上海可以说是一座水城，上海是因水而生，因水而兴，水是上海的血脉，水是上海的精灵。直至今日，上海的地名、路名依旧多有滩、渡、浜、泾、汇、河、桥、塘、浦、湾……这都在向人们证明，是水造就了上海这座城市。

海洋是美丽而壮观约。约占地球表面总面积的70.8%是海洋水面，如果称地球为"水球"也不无道理。海洋是广阔而有边的，是深而可测的。"日月之行，若出其中；星汉灿烂，若出其里。"海洋是生命的摇篮，是资源的宝库……任你怎样为之赞美都不会过分。

海在洋的边缘，临近大陆，便于和人类亲密接触。我国的万里海疆，美丽而且富饶，被誉为能量的源泉、天然的鱼仓、盐类的故乡，孕育着宇宙的精华，激荡着生命的活力……任你怎样为之歌唱都不会尽兴。

上海是海。是襟江连海的不息水流造就了上海，更是水滋养了上海，使这座城市孕育了以海纳百川、兼容并蓄为主要特征的海派文化。可以说，没有水就没有上海，就没有这座迅速崛起的滨海城市。没有海派文化的积极作用，也就没有上海的迅速崛起和繁荣发达。今后，上海的发展还要继续做好这篇水文章，充分发挥自己的优势和特点！

上海是海。上海人来自五湖四海，是中国最大的移民城市，是典型的近代崛起的新兴城市，不同于在传统城市基础上长期自然形成的古老城市。1843年开埠以前，上海人口只有20多万，经过百年的发展，人口猛增到500多万。据1950年的统计，上海本地原住民只占上海总人口的15%，移民则高达85%。上海的移民，国内的大都来自江苏、浙江、安徽、福建、广东，国际的虽来自近四十个国家，但主要来自英、法、美、日、德、俄，其数量最多时高达15万人。在一个多世纪中，上海大规模的国内移民潮有如下几次：

太平天国期间，从1855年到1865年，上海人口一下子净增了11万。

抗日战争时期，特别是孤岛期间，仅4年时间，上海人口净增了78万。

解放战争期间，三年左右，上海人口净增了208万，增势之猛，世界罕见。

改革开放以来，上海产生了新一波移民潮，人口增长势头也很猛，现在户籍人口已经超过1 800万，此外，还有外来务工人员600万。每年春运高峰，车站码头人山人海、人流如潮，是上海一道独特的风景。

上海是海。上海的建筑素有万国博览会之美誉，现在是越来越名副其实了。有人说建筑是城市的象征，是城市文化的载体；也有人说建筑是凝固的音乐，是城市的表情。依我看，上海的城市建筑是海派文化的外在形象体现，无论是富有上海特色的石库门里弄房屋，还是按照欧美风格设计建造的各式各样的建筑，包括集中于南京路外滩的建筑群，和分布于各区的多姿多彩的别墅洋楼，诸如文艺复兴式、哥特式、巴洛克式、古典主义式……现已列入重点保护的优秀历史建筑就达300多处，或者是后来建造的如原中苏友好大厦等，都在向人们无声地讲述着丰富而生动的历史人文故事，演奏着上海社会发展进步史上的一个个乐章。

上海是海。上海人讲话多有南腔北调，还有洋腔洋调。中国地域广阔，方言土语十分丰富。56个民族，都有本民族的语言。上海这个迅速崛起的移民城市，人口的多元化，自然带来了语言的多样化，中国各地方言和世界各国的语言大都能在上海听到。

上海是海。上海人的饮食，可谓多滋多味，菜系林立，风味各异，川帮、广帮、闽帮、徽帮、本帮……应有尽有；西菜、俄菜、日本菜、印度菜……数不胜数。

上海是海。上海的戏剧舞台百花争艳，京剧、昆剧、越剧、沪剧、淮剧、歌剧、舞剧……剧种之多，阵容之齐，在国内数一数二，在国际堪称少有。浙江嵊县土生土长的越剧在上海生根开花，走向全国；而上海土生土长的沪剧则别具一格地将莎士比亚的《罗密欧与朱丽叶》、王尔德的

《少奶奶的扇子》改编成功……

上海确实就是海！

海派文化姓海。

海派文化不等于全部上海文化，而是上海文化独特性的集中表现。

姓海的海派文化，是我们中华文化的一部分。中华文化是我们中华民族之魂。中华文化历史悠久，博大精深，就像一棵根深叶茂、顶天立地的大树，巍然屹立，万古长青，枝繁叶茂，这树的主干在北京，树根深扎国土，树枝则是伸向祖国各地各民族的地域文化和民族文化。有一种说法耐人寻味：看中华文化五千年要到西安去；看中华文化两千年要到北京去，看近百年来中华文化发展要到上海去。当然，比喻总是蹩脚的。

姓海的海派文化，是伴随着上海这座典型的移民城市的崛起而形成和发展的，来自江苏、浙江、安徽、广东、福建……的移民带来了当地的民族民间文化，在上海相互影响，有的彼此融合，有的相互排斥，有的自然淘汰，经久磨合而逐渐形成新的文化形态。因此，海派文化是吸纳了国内各地民间文化精华，孵化生成具有鲜明上海地方特色和个性的独特文化。

姓海的海派文化，是受世界文化特别是受西方文化影响最多的中国地域文化。1843年上海开埠以后，西学东渐，海派崛起，云蒸霞蔚，日趋明显。随着西方物质文明的输入，如1865年10月18日在南京路点亮第一盏煤气灯，从此上海有了"不夜城"之名；1881年英商自来水公司成立，次年在虹口铺设水管，开始供水……东西方人与人、文化与文化整体接触，尤其是租界上"华洋杂处"、"文化混合"，虽然于我们是一种无可奈何的选择，但客观上却是引进西方文化早而且多，使上海成了"近代化最成功的地方，市民文化最强大的城市"，往往统领风气之先。

姓海的海派文化，是随着上海发展而发展的，是客观存在，有客观规律，我以为大体可分为这样几个时期：

萌芽时期：1843年上海开埠以前，中华传统文化特别是吴越文化，为海派文化提供了基础，开始孕育海派文化。

成长时期：1843—1949年期间，特别是20世纪三四十年代，上海"八面来风"似的国内外移民，哺育了海派文化的成长。

转折时期：这又可以分为两段：1949—1965年间，建国以后，定都北京，商务印书馆等文化单位迁往北京，以郭沫若、茅盾、叶圣陶、夏衍、曹禺为代表的上海文坛骁将率队陆续迁居北京，上海在电影、文学、戏剧等诸多方面不再是中国的文化中心，这是很正常的转移。上海虽然不再是中国的文化中心了，但文化基础很好，依然作用不小，有些方面如电影、小说在全国的影响还是很大的。这也给海派文化带来了新的发展机遇。1966—1976年，"文化大革命"十年浩劫，整个中国文化，包括海派文化，遭受了毁灭性的破坏，罄竹难书。

成熟时期：1976年，笼罩祖国天空的阴霾一举扫去，阳光重新普照大地，结束长达十年的浩劫，开始拨乱反正、改革开放新时期，在全中国范围对"文革"进行反思，进行平反冤假错案，逐步恢复正常的文化活动。上海以话剧《于无声处》和小说《伤痕》为起点，海派文化开始新的阶段。在党的十一届三中全会精神指引下，上海再次成为东西方文化交流的中心，海派文化重新焕发青春，健康发展，在新的基础上正在走向成熟。

当前，海派文化面临着新的机遇和挑战，存在这样那样前进和发展过程中难以避免的问题和弱点，这是要引起重视并认真对待的。

姓海的海派文化，有哪些基本特点呢？我以为主要有：

一是开放性：海纳百川、有容乃大，为我所用，化腐朽为神奇，创风气之先河。不闭关自守，不固步自封，不拒绝先进。

二是创新性：吸纳不等于照搬照抄，也不是重复和模仿人家，而是富有创新精神，洋溢着创造的活力。当年海派京剧的连台本戏、机关布景是创新，如今的《曹操与杨修》也是创新，金茂大厦则是在建筑文化方面的创新。

三是扬弃性：百川归海，难免泥沙俱下，鱼龙混杂，尤其在被动开放时期，特别是在"孤岛时期"，租界内某些殖民文化的影响也不能忽视，需要加以清醒地辨别，区别对待，避免盲目和盲从。

四是多元性：海派文化和其他事物一样，具有综合性，是复杂的体系，不应该要求纯之又纯，水清无鱼，那就不成其为海派文化了。雅与俗，洋与土，阳春白雪与下里巴人相容并存，以致落后、低级、庸俗、黄色、反动文化，在以往那特定历史时期，也夹杂其间，怎么能用这些来对今天的海派文化说事呢。

五是商业性，海派文化在不同历史时期和不同政治、经济、社会环境中，其适应市场的商业性都有不同的表现。上海人往往对国内外市场行情具有敏感性，适应市场变化的能力比较强，有些从事文化艺术工作的人士，也比较有经济头脑和市场意识。

我认为，海派文化的"派"，既不是派性的派，也不是拉帮结派的派，更不是其他什么派。千万不要"谈派色变"，也不必对"派"字讳莫如深，远而避之，切忌不要一提到"派"字，就联想到造反派、搞派性、讲派别！不，我们这里所说的海派文化，是反映上海文化风格的最重要流派。我国有京派文化、徽派文化、吴越文化……和海派文化一样，都是中华文化的组成部分。我们的京剧有麒派、尚派等等，越剧有袁（雪芬）派、傅（全香）派、戚（雅仙）派……都是戏剧艺术的流派，流派纷呈有何不好。

我认为，海派文化是客观存在，不以人们的主观意志为转移。海派文化并不是一成不变的，而是一直在发展变化之中，既不要一提到海派文化就沉醉于20世纪30年代怀旧情调中，也不要一说到海派文化马上就和当年的流氓、大亨、白相人划等号。应该看到，经历了漫长时期的风雨淘洗，特别是进入改革开放新时期以来，上海发生了巨大变化，海派文化也呈现出前所未有的崭新面貌。海派文化发展的至高境界，我想就是"海派无派"，正如石涛先生所说，"无法而法，乃为至法"。应该要为海派文化向至高境界发展而不断努力。

时代呼唤《海派文化丛书》。

《海派文化丛书》是历史的需要。在经济全球化和文化趋同化的当今世界，我们伟大祖国亿万人民正在为建设和谐社会、和谐世界而团结奋斗，中央要求上海搞好"四个中心"建设，发挥"四个率先"作用，还要继续搞好在浦东的综合改革试点，为中国特色社会主义事业作出应有贡献，特别是要主动热情地为争取办好中国2010年上海世界博览会而努力。世界人民的目光聚焦上海，为了全面了解上海、正确认识上海，都迫切需要为他们提供新的准确而完整的图书资料。国内各兄弟省市的同志也有这样的愿望，新老上海人同样都有这个要求。可以说，编辑出版一套系统介绍海派文化的丛书是当务之急。

《海派文化丛书》必须力求准确系统地介绍海派文化。海派文化曾经有过争议，如今也还是仁者见仁，有不同看法是正常的，也是好事。我们编纂者则要严肃而又严格地正确把握，既不要过于偏爱，也不要执意偏见。近年来，由于上海大学领导的重视和不少专家学者热情支持，已经举行了多次海派文化学术研讨会，汇编出版了五本论文选集，受到社会各方面的关心和欢迎，但这还远远不够。我们要以认真负责的态度，出版好这套丛书。

《海派文化丛书》的创作、编辑、出版工作一经动议，就得到作家、编辑和有关领导的热情支持，得到上海大学、上海市对外文化交流协会和文汇出版社等大力帮助。我相信，《海派文化丛书》的出版可以为中华文化宝库增添新的内容，为中华民族的振兴和上海的建设增强精神助推力，同时，也可为希望全面了解上海的中外人士，提供一套具有系统性、权威性、可读性而又图文并茂的图书。

我谨代表《海派文化丛书》的作者、编者、出版发行者，向所有给予帮助和支持的单位及个人表示衷心感谢！向读者和收藏者们致以诚挚的敬意！向读后对本丛书提出批评意见和建议的朋友鞠躬致敬！

是为序。

李伦新

2007年5月20日于乐耕堂

（本文作者为上海大学海派文化研究中心主任）

前言

海派收藏，是独树一帜的收藏文化。海派收藏绵亘百余年，至今仍蓬蓬勃勃发展，值得研究。

"海派"一词，源于上世纪二三十年代，与"京派"相对应，原指在上海滩改良与创新的富有上海地方特色的京戏——"海派京剧"，后又有"海派文学"、"海派服饰"等。在当时，讲"海派"多少有点贬义。改革开放后的80年代，"海派"一词再度兴起，但此时，它的词性已从往昔的贬义转为绝对的褒义。于是，人们将诸多上海特色的文化，冠以"海派"，诸如"海派建筑"、"海派饮食"、"海派戏曲"、"海派绘画"等，"海派收藏"一词也是从那时发轫的。

时常有本地与外地朋友问笔者，"海派收藏"究竟有什么内涵，是一种什么样的收藏，它的特征是什么？要回答这个问题既难又不难，难的是用"海派"涵盖上海的收藏，是一个非常大的课题，不易说清。不难的是，有上海特色的收藏，都可以称为"海派收藏"。那么，什么是海派收藏呢？首先要弄懂什么是"海派文化"。所谓"海派文化"，有许多要素，但最根本的要素，那就是本土文化与移民文化和外来文化的融会结合，其特征是它的时尚性、创新性、市场性与多元性。

先让我们来回顾海派收藏的历史。

海派收藏，也就是收藏方面的海派文化，或者是海派文化在收藏领域中的体现。因为它受移民与外来文化的影响，所以是一种开放性的收藏，是一种多元文化背景的收藏，又是一种不断创新的收藏。

基于上述特性，在历史上的"海派收藏"是变化发展的，譬如在清末时，"海派"收藏家们所追求的是明清两代的艺术珍品，如书画、瓷器，而此时中国的主流收藏方向是宋元时期的艺术品，上海的这种收藏，在当时便是典型的"海派收藏"。如今上海博物馆馆藏的明清书画、明清官窑瓷器之精，饮誉海内外（它们大都是私藏捐赠或征集的），就是在那样的历史文化背景下造就的。到了民国时期，在北京还津津乐道于秦砖汉瓦、金石碑帖的文化内涵时，上海的收藏家却跨出乾嘉学派的圈圈，追求那外在形态的观赏性，于是，竹木牙雕、玉器、紫砂等艺术品得到了追捧。在这种审美观念下，直接导致了海上画派的崛起，那些原来是江、浙、皖甚至更远省份的画家，纷纷来到这个迅速繁荣的"东方巴黎"，为海派文化留下一份份宝贵的遗产。"珠山八友"瓷板画，有民国"官窑器"之称，从王琦、邓碧珊到汪野亭、王大凡，无不将上海作为自己艺术生涯的大舞台，因为那里有海派收藏家在支撑着他们的艺术殿堂。

到了民国后期，即上世纪40年代时，一股以收藏东西洋艺术品的清新之风，吹进了上海滩。这种西洋艺术品收藏风气，是上海滩殖民文化的延伸。这些收藏家，大多具有喝过洋墨水、吃过洋面包的文化背景，有着较为富裕厚实的经济实力，也有着现代西方文明的理念，这些人便是后来被人们称之为"老克勒"的玩家。他们所追求与吹捧的是西方文明的结晶，例如17至19世纪的西洋自鸣钟与古董表、德国的蔡司照相机、百代公司的留声机，再如捷克的车料器皿、意大利的大理石雕、法国的八

* 上海城北洋泾浜，古玩商们正是越过这条河将买卖延伸到租界地盘的五马路

* 民国时期老城厢里的古玩地摊

3

音盒、英国文艺复兴时期的家具,另外还有日本的七宝烧、美国朗生公司的打火机、犀飞利与康克令自来水笔等等。正是这些西洋收藏,不仅开中国人玩西洋古董之先河,也筑起了海派收藏的中外合璧的脉架。

笔者认为,海派收藏中最重要的灵魂是"人弃我藏"、"标新立异"的追求,例如烟标、火花、戏单、报纸、门券、票证、商标等。一旦经过收藏家锲而不舍的追求,这些收藏品的特性就能形成千姿百态的收藏。另外像戏服、眼镜、唱片、古灯、茶具、古匣、船模、期刊创刊号、南京钟、香烟牌子、"三寸金莲"、天然造型物、微型乐器等,都在国内有着很大的影响,也是上海收藏的一批品牌。

提到这种民间收藏,不能不提有海派民间收藏鼻祖之称的钱化佛。钱化佛是上海清末民初时期的名人,辛亥革命上海光复时,他因参加攻克江南制造局的战役有功,受到孙中山的嘉奖。革命胜利后,他又功成身退,致力于戏剧与绘画。作为演员,他不仅在我国最早的文明戏中演技出挑,而且还拍过电影;作为画家,钱化佛最擅长的是画佛,他曾有过一个计划,要画一万张佛画,然后建造一座万佛楼,可惜这个计划没有成功。然而,酷爱收藏也是他毕生追求的爱好,他开创了诸多收藏的先例,比如烟标、火花、戏单、门券等。最奇妙的是他爱好收藏布告,那是在敌伪时期,日伪政府白天张贴布告,到了夜晚,钱化佛就悄悄地用水湿之并将它揭下,日复一日,竟收藏了一整套布告,解放后他将这批特殊的收藏品捐赠给国家,保存下一批被常人忽视的日军侵华罪证。钱化佛收藏火花是出了名的,有一年,梅兰芳大师要赴美国访问演出,临行时钱化佛为他饯行,梅大师问他要捎点什么,他脱口而出要梅给他搞点美国火花。后来,梅兰芳回国时,果真给他带回了一大包火花,满足了他的兴趣爱好。到了晚年,钱化佛写了一本回忆录《三十年来之上海》,记录他收藏的经历与故事。

回忆历史，海派收藏在创新的同时，从不偏废传统收藏，并在上世纪三四十年代创造过辉煌的业绩，从而引来了中国收藏半壁江山之称，与北京的京派收藏遥相呼应。那时活跃在上海滩的收藏家，堪称中国的一流收藏家，他们家藏殷实，经济实力雄厚，鉴赏眼光高超，投资魄力大。

　　这中间有潘达于（青铜器）、庞来臣（书画）、袁寒云（古玩）、郑振铎（古籍）、丁福保（钱币）、叶恭绰（文物）、吴湖帆（书画）、刘晦之（甲骨）、瞿启甲（藏书）、李荫轩（青铜器）、陈器成（瓷器）、谭敬（金石书画）、孙伯渊（碑帖）、陈光甫（外国金银币）等。抗战时，日本人到上海搜刮古花盆，此事牵动了一位正直中国人的心，他就是著名作家、园艺家周瘦鹃先生，当他目睹这番情景后，切齿扼腕，深以为耻。于是，他在抗战的头几年出没于上海广东路古董市场，专与日本人竞购紫砂古花盆，常常是倾囊一搏，寸步不让，居然在古董行业名噪一时。这些大名鼎鼎的收藏家的藏品，解放后不少都归藏于上海博物馆，有的还成了镇馆之宝，例如潘达于捐赠的青铜器大克鼎，叶恭绰转让的王献之《鸭头丸帖》，都是名扬天下的文物绝品。遗憾的是直至今日，有些人提及海派收藏时，还常常会有一种误解，认为是小儿科收藏，或是不登大雅之堂。其实，这是对海派收藏太不了解，海派收藏正是植根于这样丰富的传统收藏的土壤上，才有着独树一帜的光彩。

　　海派收藏在解放后曾经销声匿迹过一段时间，当它再次兴起并呈现"飞入寻常百姓家"之势，已是20世纪80年代中期。此时上海滩的收藏主人，已从昔日的达官商贾、社会名流、文人骚客，发展到社会各个阶层、各个领域，他们中有教授、学者、作家、记者、干部、教师、军人，工人、警察、农民、个体户、企业家、文化界人士等等。在群众性的收藏热中，迅速涌现出上海滩最早的一批海派收藏明星人物。例如已故烟标收藏家朱大先，这位解放后曾六次被评为全国劳模的老先进，业余时间热爱收集

* 2010年3月13日，上海市收藏协会第六届会员代表大会

中外烟标，生前收藏数量多达4万余种，又在市工人文化宫举办了沪上最早的烟标收藏个人展，引为轰动。再例如已逝钟表收藏家王安坚，生前是市交运局的一位干部，毕生致力于中外古董钟表的收藏，并在1985年率先开出了新中国第一座家庭博物馆，从此成为新闻媒体宣传报道的明星。在这批最早的海派收藏家中，还有算具收藏家陈宝定、火花收藏家严汉祥、钥匙收藏家赵金志、蝴蝶收藏家陈宝财、雨花石收藏家杜宝君、船模收藏家徐滨杰等。

在上海收藏热兴起的同时，出现了"上海收藏欣赏联谊会"，它是我国成立最早、规模最大、影响最广的省市级收藏组织，创于1986年6月10日，50余名收藏家成为首批会员。该会宗旨为："广交朋友，横向联系、促进收藏，娱乐生活"，后采纳当时文化部代部长周巍峙先生的建议，将宗旨更改为"欣赏、求知、联谊、创造"八个大字。1989年11月，得到陈沂等老同志的亲切关怀，在上海市文化局孙滨局长的领导下，上海收藏欣赏联谊会正式挂靠市文化局。1990年，该会正式成为上海首批法人社团。2004年7月，这个组织更名为上海市收藏协会。如今，这个收藏组织已拥有4 400余名注册会员，14个专业委员会，13个沙龙，不仅为引导、普及收藏作出了重大的贡献，造就了一支海派收藏的大军，而且在国内收藏界中，有着举足轻重的影响。

海派收藏，古今交融，中西合璧。目前，拥有国内收藏门类品种最多的记录，据初步统计有200多个品种，其可归纳为八个大类：（一）传统古玩类。如书画、碑帖、瓷器、玉器、文房四宝、竹木牙雕等：（二）当代现玩类。如邮票、钱币、磁卡、徽章、烟标、火花、陶艺、首饰等。（三）自然物品类。如供石、根雕、贝螺、印石、琥珀、珊瑚、宝石、蝴蝶等。（四）生活用品类。如钥匙、筷子、锁具、古匾、灯具、女红、调羹、鸟具、虫具、剃须刀等。（五）历史档案类。如票证、书信、账册、契约、广告、老照片、老地图、老报刊等。（六）西洋古玩类。如钟表、留声机、打火机、西洋摆件、西洋瓷器、西洋灯具、西洋家具、西洋布料等。（七）文化艺术类。如书籍、唱片、光碟、海报、戏服、乐器、道具、剧照、戏单等。（八）家居装饰类。如门窗花板、明清家具、木刻年画、老月份牌、旧器旧物等。除上述八大类外，还有一些特殊的收藏品，例如猫、乌龟这样的活口收藏。由此可见，上海民间收藏的触角之广，国内还没有第二个区域可与它相比，从而营造了海派收藏的第一个特征广博性。

海派收藏的第二个特征是它的兼容性。上海的收藏不仅内容广博，而且不同门类之间，达到了非常和谐的兼容性。在今天，随着国际化的艺术品投资热的兴起，这个继房地产、证券之后的第三大投资活动，在上海迅速发展。目前，上海拥有国内规模最大的收藏品市场群体，如华宝楼、中福古玩城、静安古玩城、云州古玩城、东台路古玩市场、藏宝楼地摊市场、卢工邮币卡市场、多伦路历史文化名人一条街、老城隍庙文物古玩市场以及上海文物商店、朵云轩、友谊商店、博古斋等老牌店号等。上海的艺术品拍卖市场，在国内也声名远扬，不仅拥有朵云轩、敬华、崇源等专业艺术品拍卖公司，还有上海国拍、上海拍卖行、东方国拍、工美、新世纪、友谊、青莲阁等这些具有文物拍卖资质的拍卖公司，而且更有一批以拍卖当代艺术品而著称的拍卖单位。除上述的文物古玩市场与拍卖市场外，上海滩还有密如棋布的画廊、寄售店、工艺品店、花鸟市场、茶坊茶楼经营各种各样的收藏品，它们都有自己生存的条件，都有各自发展的空间，都有自己的追捧者。谁也不排斥谁，谁也不依赖谁，相互促进，共同繁荣，从而形成了相当宽松的投资环境。

创造性，是海派收藏的第三个特征。上海人的好奇心强，这种好奇心在收藏中就表现为一种丰富的创造性。民间收藏家庭博物馆，就是在上海最早出现的，这些藏馆的馆主，他们积十几年乃至一辈子的收藏心血，自己筹资建馆，向社会开放，接受人们的参观、学习。自1985年上海出现民间藏馆以来，至今已涌现了百余家各门各类的藏馆。有的在海内外非常著名，例如四海壶具博物馆、包畹蓉戏服艺术馆、陈宝定算具博物馆等。

海派收藏的第四个特征，就是市场性。这个市场性表现为两个方面，其一具有极敏感的市场信息，其二以收藏养收藏，下海做生意。由于上海的特殊地理位置以及海派文化的传统，上海人对海外的市场信息尤为关注。前几年，听说日本人热衷老灯罩，沪上的一些人就到处寻觅日本的老玻璃灯罩，原先无人问津的旧东西，一下子变为成千上万元的好东西。以收藏养收藏，是上海藏家的成功之道。在收藏界中下海搞经营做生意的,举不胜举,例如紫砂收藏家许四海,如今他经营的"百佛园",已达数十亩之广。陈学斌是沪上的一位古铜镜收藏家,致力于古铜镜收藏十余年,不久前,他从单位退下来了,于是干脆到云洲古玩城租了店铺,开了个"鉴古阁"铜镜专售店。他常对人说,开店不在于赚钱,想多交几个朋友。现在,"鉴古阁"已成了一个古铜镜收藏沙龙。

海派收藏第五个特征,那便是研究性。收藏是一种文化,收藏品都是一个个历史载体,收藏它们只是一种手段,并非是目的,目的是为了保存它,研究它,让它为现实生活服务。所以,藏而不研者,仅仅是充当保管员的作用,真正的收藏家应同时是鉴赏家、研究家。沪上的钟表收藏家王安坚、算具收藏家陈宝定、纸币收藏家吴筹中、钱币收藏家马传德等都堪称学术型的收藏家。蓝翔先生是以收藏筷箸而闻名的藏家,同时他也是一位收藏研究家,20年来,他研究不息,笔耕不止,共出版了14部收藏研究专著。古陶瓷鉴赏家朱裕平,是国内陶瓷研究出书的高产户,十多年来,他已出版近20部著作,有的甚至是填补空白之作,譬如《元代青花瓷》,不仅分量重,而且是古陶瓷研究的重大贡献,获得国内收藏界以及文博界的一致好评。

海派收藏很特别,这种特别属性,形成了第六个特征,那就是自创性。所谓"自创性",就是自己创作(制作)收藏。上海素有"东南之都会,江海之通津"之称,五方杂居带来了各地的移民,于是各种工艺人才迅速云集在这个大码头,形成了海纳百川的海派工艺人才。改革开放后,那些经验丰富甚至炉火纯青的艺术家们,他们适应潮流的发展,一改他们前辈的模式,自己创作,自己收藏,产生了一种新的收藏道路,形成了一个卓有影响的群体,徐滨杰专门制作中国古代四大船系模型,数十年的追求,使他成为"百舸富翁"。胡仁甫、胡月亭父子是当代海派根艺的代表人物,他们也成为了根雕的收藏家。周长兴、周丽菊父女,为闻名海内外的微雕艺术家,他们创作的《红楼梦》系列艺术品,倾倒了国内的观众,他们的创作不是为了卖钱,而是供自己收藏。微型乐器收藏家黄跟宝,他拥有的一件超微型小提琴打破了英国吉尼斯纪录,有趣的是,他所有的藏品,均为自己精心制作。不久前,他以收藏入门,却被上海市政府评为工艺大师。

海派收藏,远不止上述的六个特性,但我们能从这六个特性,窥见海派收藏的风貌。海派收藏是什么?海派收藏是海派文化孕育下的一种分支文化、一种精神的模式。而这种文化与精神,就是古今交融,中西合璧,就是让中华民族的文化走向世界,走向未来。

目录

总　序　李伦新 ………………………………… 1

前　言　………………………………………… 1

第一章　兼容并收的收藏活动………………… 1

　　创始于开埠的海派收藏…………………… 2

　　最早出现的收藏家群体…………………… 5

　　传承古玩的同时追捧现玩………………… 8

　　无雅无俗之尽显大雅大俗…………………12

　　在人弃我藏中标新立异……………………15

　　治学研究与著书立说………………………18

　　结社开拓的团队精神………………………21

　　多姿多彩的收藏展览………………………24

　　收藏家的艰辛甘苦…………………………29

　　标新立异的私人博物馆……………………35

中国收藏舞台上的南腔北调……………………39

第二章　颇具特色的古玩市场……………………　47

沪上古玩市场溯源…………………………48

当今收藏寻宝市场…………………………52

到市场上寻宝………………………………62

沪语中的古玩行话…………………………69

经久不衰的古典家具收藏热………………80

典当行有宝可"淘"…………………………84

逛旧货店有乐趣……………………………88

购房热引出画廊热…………………………94

银楼与金店的历史情绪……………………98

走俏申城的古旧书…………………………102

第三章　推陈出新的收藏群体……………………　109

已故钟表收藏家王安坚……………………110

已故扇面收藏家黄𤩽栋……………………112

已故钱币大师马定祥………………………114

已故烟标收藏家朱大先……………………117

已故算具收藏家陈宝定……………………119

陶艺家、收藏家许四海……………………122

京剧服饰收藏家包畹蓉……………………124

筷箸收藏家蓝翔……………………………126

古船模制作收藏家徐滨杰…………………129

"三寸金莲"收藏家杨韶荣……………………… 131

古玉收藏家杨振斌…………………………… 134

火花收藏家周伯钦…………………………… 136

钥匙收藏家赵金志…………………………… 139

古董家具收藏家李莉………………………… 141

瓷杂收藏家姜奇……………………………… 144

雨花石收藏家杜宝君………………………… 146

古灯收藏家李银伟…………………………… 148

老明信片收藏家李聪豪……………………… 151

古墨收藏家王毅……………………………… 153

瓦雕收藏迷张彦坡…………………………… 156

微琴制作怪才黄跟宝………………………… 158

戏单收藏家陈云伟…………………………… 161

"造型艺术家"彭天皿………………………… 164

赏石收藏家沈丽雅…………………………… 167

老上海收藏家彭学伟………………………… 169

古茶器收藏家杨育新………………………… 172

紫砂壶收藏家吴士保………………………… 174

古玉收藏家李倬……………………………… 177

校徽收藏家叶文汉…………………………… 179

烟盒收藏家邬久益…………………………… 182

老彩票收藏家蔡伯昌………………………… 185

古瓷片收藏家杨金妹………………………… 187

古陶瓷收藏家顾林昌………………………… 190

钢笔收藏家徐恒皋·····················193

打火机收藏家陆联国·················195

民俗用品收藏家张志源·············198

贝壳收藏家肖长荣·····················200

酒瓶收藏家宋奇·························203

公交票证收藏家张金龙·············206

壶具收藏家许益祥·····················208

奇石收藏家顾志平·····················211

结婚证收藏家冯忠宝·················213

第四章　引人注目的精彩藏品·············217

江福生"弥勒渡江"砚·················218

朱致远制琴仲尼式七弦琴···········219

铜鎏金释迦牟尼佛头像·············220

法国"蒂芙尼"宫廷画珐琅盘·······221

犀角雕螭龙纹英雄双联杯···········222

象牙镂雕山水花鸟折扇·············224

铜胎掐丝鎏金珐琅凤鸟·············225

吕宋彩票十连张套票·················226

红铜犀牛望月摆件·····················228

红铜鎏金韦驮立像·····················229

翡翠嘴银烟枪·····························230

剔红祝寿纹九子盒·····················231

白玉如意坐像观音·····················232

乾隆窑变红釉水盂 …………………… 234

天地福寿玉插屏 ………………………… 235

绿釉葡萄松鼠五管瓶 …………………… 236

金丝楠木四屉书桌 ……………………… 238

陈寅生刻携琴双美图烟膏盒 …………… 239

石叟制红铜坐姿观音 …………………… 240

黄花梨松下五老图笔海 ………………… 241

黄杨木雕张飞打督邮 …………………… 242

"欧洲战胜纪念"瓷板画座屏 ………… 244

粉彩四季山水双面彩瓷挂屏 …………… 245

布本千手千眼观音唐卡 ………………… 246

周信芳《明末遗恨》戏单 ……………… 248

"大公篮球队"签名横帔 ……………… 249

鸡血石大屏《桃园结义》 ……………… 250

八卦狮钮四足红铜熏香炉 ……………… 252

杨庆和银楼制七层六角银塔 …………… 253

VictorRadioRE-45收音电唱两用机 …… 254

昌化鸡血石雕《灵芝如意》摆件 ……… 256

碧玉西番莲纹赏碗 ……………………… 257

楠木缠藤纹香几 ………………………… 258

寿山石雕贵妃醉酒 ……………………… 259

紫金釉描金海棠洗 ……………………… 260

奇楠香"瑞兽添寿"摆件 ……………… 261

银鎏金花丝镶嵌珐琅丹凤朝阳摆件 …… 262

龙泉青釉牡丹碗 ···················· 264

灵璧石"吉庆有余"磬 ················ 265

刘海粟《黄山始信峰图》 ············· 266

后记 ······························· 268

跋　郑家尧 ······················· 270

第一章

兼容并收的收藏活动

创始于开埠的海派收藏

海派收藏文化，发轫于上海滩，它以海纳百川的胸襟，塑造起自己的形象，也是上海城市文化品格的重要组成内涵，更是解读海派文化的一个窗口。

上海自宋末建镇，元至元二十八年（1291）建县，到了明嘉靖以后，上海已发展成为我国"东南之都会、江海之通津"的重要港口。清康熙年间开放海禁，老城厢小东门外沿黄浦江一带帆樯林立，万商云集。此时的上海已成为我国一个迅速崛起的移民城市。它在社会经济繁荣的同时，也为民间收藏的发展，提供了富饶的土壤。

* 清末上海老城厢场景，海派收藏正是从这里起步

1843年的冬天，在西方列强的压力下，上海打开了对外开埠的大门。1845年以后，英、法、美三国次第在上海老城厢北面建立了租界，从此上海以异乎寻常的速度呈现出前所未有的繁荣景象："此邦自互市以来，繁华景象日盛一日，停车者踵相接，入市者目几眩，骎骎乎驾粤东、汉口诸名镇而上之。来游之人，中朝则十有八省，外洋则二十有四国……"这就是当时的上海历史环境，一个处在东、西方文化交融点的商埠，改写了绵延数千年的固守自闭的城市发展模式。在这样大潮汹涌的历史环境下，它使上海的本土文化迅速发生了骤变，一方面是欧美的洋文化抢滩上海，另一方面，国内其他区域文化也浩浩荡荡地进驻上海，近有吴越文化、徽文化，中有齐鲁文化、闽文化，远有粤文化、楚湘文化、巴蜀文化、京津文化。这些不同背景的文化，在开埠后的上海，很快地融化成一体，演绎出一种新颖的文化，朝气蓬勃、显示出它海纳百川的宽容度与包容性，这便是海派文化的肇始渊源。

　　清同、光时期，有一位因避太平天国战火而旅居沪上的杭州人葛元煦，他在上海生活了15年后，根据自己的所见所闻，以一个文人墨客的感触写下了一部《沪游杂记》的著作。这是当时社会的一个写真集，应该说是当时上海滩社会生活的真实反映，也是研究上海历史的一本著作，本文前面引用的那段记述，就是出自这本书中。在《沪游杂记》中，有着颇多的关于古玩、书画、工艺品、收藏品的记载，可让我们了解当时的历史环境，例如在第二卷中，编列了"书画家"、"笺扇"、"照相"、"油画"、"拍卖"、"百虫挂屏"、"玻璃器皿"、"古玩"、"藤器"、"雕翎扇"等条目，其中既有传统的"书画家"、"古玩"，也有外来的"照相"、"油画"、"玻璃器皿"，还有传统的载体外来工艺的"百虫挂屏"。例如他在"油画"条目中写道："粤人效西洋画法，以五彩油画山水人物或半截小影。面长六、七寸，神采俨然，且可经久，惜少书卷气耳。"由此可见，当时的上海已成为东西文化并存共荣的大商埠。

　　清同治元年，也就是公元1862年的6月2日，一艘西洋式三桅船鼓帆驶入黄浦江，这是来自于日本的"千岁丸"幕府官船开始对上海的访问。此时的上海战云密布，太平天国的大军第二次围攻上海，恰值多事之秋。随船而来的有一位叫纳富介次郎的专业画师，他也是位收藏家，故较多接触到书画古玩市场，后来他写了一本《游清五录》，书中写道："清国人听说皇邦的人很珍视书画，每天带来很多书籍、轴画、挂幅、古器等，一个劲地推销。不言而喻，假货颇多。可是对方辨介说是真货，劝买。"但这位很具慧眼的日本收藏家，还是买到了许多真古玩，他从一位穷书生手中买下了一件木制漆套砚台与一方古水晶印材。在纳富介次郎的游记中，留下了很多出入申城古玩店，寻觅古玩，交流书画的记载。例如："十八日，雨降，始为梅雨之景。午后与同馆清人张棣香古玩店，求鼎样香炉，共归馆。"又例如："廿一日，到古玩店，看过书画"等等。

* 老城厢古玩店

这位日本人所述，应该是真实的历史镜头。清咸丰年间的太平天国战火燃遍了江南大地，为避战火，江、浙、皖一带的富贾士族逃往上海，随之而来的艺匠与古玩商人也涌现于上海滩了。这些从事古玩经营的人士，大多来自于南京、镇江、扬州、苏州一带。他们来到上海后，便在老城隍庙的西侧旧校场及侯家浜落脚，从艺的后来为我们留下了"旧校场年画"的遗产与海派玉雕及海派红木家具的生产制作技艺；买卖古玩的，形成了老城隍庙古玩市场。

正是在这种文化背景与历史环境中，海派收藏文化迈开了它的前进步伐。

最早出现的收藏家群体

自上海开埠后，最早出现的收藏家群体，大多来自上海周边的江、浙、皖、赣的州府，例如苏州、常州、扬州、绍兴、湖州、宁波、徽州、南昌、芜湖、江宁等。这些州府地属富饶的江南地区，又是传统儒学深厚的区域。那些来自异地客籍人士，不少本身就是富甲一方的名门望族，他们离乡背井来到这个开放的热土，有的是为避战乱，有的是为图发展，更有的是慕名来享受物质生活当寓公的。这些来去匆匆的各色来客，带来了金钱，也带来了细软，这细软就是珠宝、书画、古玩。清末有竹枝词写道："寻常巷陌藏珍宝，半壁江山在申城。"所描写的就是上海滩最早出现的民间收藏盛况。这些藏家所珍藏的无疑都是中华民族最传统的古玩艺术品，也留下了一个个在近代收藏史上彪炳史册的收藏家，例如书画收藏家庞来臣、藏书家瞿启甲、古玩收藏家袁寒云、青铜器收藏家李荫轩、甲骨收藏家刘晦之、钱币收藏家丁福保、文物收藏家卢芹斋、吴启周等。这些富家的不少

旧藏，今天仍可在国家博物馆见到身影，它们见证了海派收藏传承民族精粹的功绩。

在海派收藏群体中，演绎与蕴藏了许多精彩感人的故事。民国时期，被溥仪带到长春伪皇宫"小白楼"原北京故宫的1190余件文物流失，这些流失的皇家文物，史称"东北货"。现在提及"东北货"时，必提到大收藏家张伯驹，其实，当时上海也有一个致力于搜藏保护"东北货"的收藏家圈子，他们是收藏家庞元济、梅景书屋主人吴湖帆、集宝斋主人孙伯渊、嵩山草堂主人冯超然、韫辉斋主人张珩、密韵楼后人蒋谷荪、宝来斋室主人周湘云，以及鉴赏家王己千、徐邦达、谢稚柳与画家刘海粟、张大千等。这些收藏家们的收藏，其中不少解放后都先后捐赠给国家，例如周湘云将传世珍品唐怀素的《苦笋贴》及大小两具齐侯罍等青铜器捐入上海博物馆。孙伯渊1958年10月将4000余件金石碑文捐献给上海市文物管理委员会，后又将李北海岳麓寺碑等宋拓法贴10种捐赠给北京故宫博物馆，显示出一位藏家的高风亮节。

提到海派收藏群体,必定要提到一位女性收藏家,她就是才逝世不久的潘达于,她所捐献的两件西周时期的国之重器——大克鼎和大盂鼎,如今成了上海博物馆与国家博物馆的镇馆之宝。潘达于是清末著名大收藏家潘祖荫的后代,1951年10月9日,历经千辛万苦,潘达于向上海市文物管理委员会捐献了大克鼎与大盂鼎两件国宝,捐献仪式由华东文化部文物处副处长唐弢主持,华东文化部部长陈望道致表扬词,并颁发了中央文化部部长沈雁冰的褒奖状,上面写道:"达于先生家藏周代盂鼎、克鼎,为祖国历史名器,六十年来迭经兵火,保存无恙,今举以捐献政府,公诸人民,其爱护民族文化遗产及发扬新爱国主义之精神,至堪嘉尚,特予褒扬,以状。"潘达于的精神是感人的,几十年间,她为了守住潘家百余年来的收藏品,机智地闯过了乱世灾年的种种磨难,仅抗战苏州沦陷时,潘家曾先后闯进七批日本兵,其他财物损失不计其数,唯独深埋伪装在庭院地下的青铜大鼎丝毫不损,这位江南奇女子的胆识,令人折服。

* 潘达于捐赠上海博物馆的大克鼎

申城的收藏群体，是从四面八方涌向上海的客籍人士。解放前后，在这个收藏群体中，又有不少走出上海，走向全国乃至海外，走到北京的有书画收藏鉴赏家张珩、徐邦达，走向海外的有收藏家张大千、王巳千及陶瓷鉴赏家仇焱之等。

值得一提的是王巳千与仇焱之。王巳千是我国近代的具有世界影响的书画收藏鉴赏家，早在1935年，北京故宫博物院准备参加在伦敦举办的"中华艺术国际公展"时，王巳千被聘为艺术顾问，其时，年仅28岁。抗战爆发后，王巳千举家从苏州搬到上海法租界，放弃律师职业，变卖掉房地产，专事收集书画。1947年首次访美，一年后定居纽约。王巳千既是书画家，又是鉴赏家。据目前资料显示，他是搜藏宋元画作的首屈一指的收藏家。仇焱之(1910年—1980年)早年师从上海昔古斋古玩店老板朱鹤亭，终成民国时期我国南方最著名的古瓷鉴赏家，1949年移居香港。仇氏生前与上海博物馆多有交往，1979年6月和10月，曾两次向上海博物馆出售古陶瓷器藏品共167件。

传承古玩的同时追捧现玩

19世纪中叶，中国的社会发生骤变，以大运河漕运为代表的内河文化走向了衰退，海洋文化正在撩开面纱，与之同时海派文化在悄然兴起。

新生的上海滩冲破了千百年来的思想禁锢，弥漫着自由自在气息，追求开放理念成为一种时髦。新思潮、新事物如同雨后春笋般地涌现，而不拘一格的上海人接受新潮的热情，更激起了这座新生城市的无限活力，塑造了前所未有的人气文脉。正是在这样的文化背景下，周边区域的艺术家纷纷来到这座充满活力的城市，原本风格各异的画家，为适应市场的需求，走到了一起，并形成了我国近代第一个以市场为主导的区域画派——海上画派，代表画家有赵之谦、虚谷、任伯年、吴昌硕、蒲华等。他们迎合新兴市民阶层的审美情趣，锐意求进，大胆革新，创造出清新活泼的画风，为收藏家们提供了让人们眼目一新的"现玩"。海上画派的崛起，开创了上海滩现玩受宠之先河，也塑造了上海民间收藏的人文底蕴。

随着社会的繁荣发展，上海人对现玩的热情，从书画辐射至更广泛的艺术领域。景德镇的"珠山八友"瓷板画的发祥与走红，是在上海滩形成的；玲珑剔透的浙江青田石雕，从上海滩走向了欧洲；精美入微的沈寿苏绣作品耶稣像在获得世博会金奖前，主要的追捧者在上海。当代紫砂泰斗顾景舟，1942年来上海就应聘标准陶瓷公司，月薪有100银元。100银元是什么概念？当时一个银行工作的白领月薪才10银元，如果当时没有旺盛的"现玩"市场，顾景舟能有如此丰厚的报酬吗？后来，顾景舟又通过老城隍庙"铁画轩"老板戴相民，结识了一批沪上著名书画家，如江寒汀、吴湖帆、来楚生、谢稚柳等。江寒汀非常器重顾景舟的紫砂壶，顾景舟于1948年为江精心制作了一把石瓢壶，并请吴湖帆作画题书，一面为竹叶，另一面书题："寒生绿罇上，影入翠屏中。寒汀兄属，吴倩并题。"当代紫砂大师徐秀堂在他的《紫砂泰斗顾景舟》一书中，记载下这段上海民间收藏的佳话。顾氏紫砂壶在沪上受宠并非只有他一个，民国时期在上海滩上行俏的紫砂艺术家有一个灿烂的群体，例如俞国良、冯桂林、蒋燕亭、裴石民、程寿珍、王寅春、朱可心等。当时上海滩有诸多专营紫砂的商户，出名的有铁画轩、吴德盛、陈鼎和、利永、葛德和等。

上海的收藏家并非一味追尚现玩，更多的则是古、现并举，兼容并收。以吴湖帆为例，他可称得上是海上藏界一巨，其斋名有"梅景书屋"与"四欧堂"，均来自他的收藏，前者源于宋刻《梅花喜神谱》与米芾《多景楼诗帖》，后者出自所藏欧阳询《化度寺塔铭》、《九成宫醴泉铭》等四件碑帖，

这中间每一件都是国宝级的藏品。一身傲气的吴湖帆好古而不薄今，他还有个"二十四斋堂"的斋号，便来自于他的现玩收藏。这位大收藏家从上世纪30年代开始收藏当时丹青名家的作品，他们是沈剑知、吴华源、郑午昌、吴待秋、冯超然、陈小蝶、张大千、樊少云、刘海粟、应野平、陆俨少、唐云、谢稚柳等24位画家，前后20年，共两长卷。吴氏玩出了名堂，也玩出了海派收藏家的风采。

在上海滩收藏家们矢志不渝地传承精粹时，由于这座城市所具有的特殊的地理、经济、社会的条件，西风渐入，洋收藏品率全国之先登陆上海滩。清光绪五年（1879）六月十三日，上海的《申报》刊登一则广告："收买信封老人头：工部局书信馆人头每百个价二角；海关人头每百个价二角；东洋人头每百个价三角。如送至今泰兴洋行内哈立斯收藏即可付价。他国之信封人头亦可收买。"广告中的"人头"，即指邮票，因当时中国人还不知有"邮票"一词。尽管登广告征购邮票的是外国人，但此系最早见于中国报刊的集邮资料，它像打开一丝窗户，让西风吹进了神州。1912年，在沪外侨成立了"上海邮票会"，一个名叫李辉堂的中国邮商参加该会，并担任最早的中国籍理事。这是中国出现的第一个集邮组织。1922年8月，为与上海的外国人邮票会分庭抗礼，一批中国集邮者在沪成立了"神州邮票研究会"，这是中国第一个有影响的集邮组织，首批会员22人，也是中国最早的集邮家群体。1925年7月，"神州邮票研究会"正式改名"中华邮票会"，其主要发起人便是"邮王"周今觉。

* 民国"后五珍邮票"

我们已经从上述的史料中看到，上海是中国集邮的发祥之地，这是近代西风浸育的结果。正因为集邮活动出现，在世界范围内，触发了税票、火花、烟标、酒标的收藏，因为它们具备了某种共性因素，这也是民间收藏的规律。从"文革"后期过来的收藏家，大多走过从邮票起步的历程，就是有力的佐证。

"邮票"是舶来品，集邮是外来文化。这种西方收藏文化的涌入，在

"江海之通津、东南之都会"的上海滩，没有受到抵触，相反，与我们传统的收藏文化交融成一体，并衍生成一种新的收藏文化理念。这样的历史演变，只能发生在上海。

无雅无俗之尽显大雅大俗

无雅无俗是精明的上海人收藏雅俗观的特征。所谓无雅无俗，即指所有的收藏对象，只要是历史文化的载体，就不存在高低、雅俗之分，清末民初时，集邮被传统人士嗤之以鼻为小儿科时，是上海人举起了集邮的旗帜，并使之走向了民众。在上海滩践行无雅无俗的先驱，是那些义无反顾的文化人。大家知道，名医丁福保（1874年—1952年）是被誉为近代集币界的泰斗人物，其子丁惠康（1904年—1979年），自幼受父亲的熏陶，一生从事医学工作，创办上海虹桥疗养院，被宋庆龄聘为中国福利会顾问。同时，丁惠康亦继承了父亲的收藏爱好。丁氏早在1939年春，联合刘海粟等收藏家，在上海孤岛发起"中国历史书画展"。他又致力于古陶瓷收藏，曾汇编成《华瓷》一书，收录晋至清珍瓷90件，由大收藏家叶恭绰作序。除书画、陶瓷外，他还热衷于文物收藏。某次，为收藏文物曾卖掉40幢里弄房屋。正是这么一位传统的不能再传统的收藏家，他流传后世的收藏业绩，不是传统的"雅"藏，而是其"俗"藏。丁氏的"俗"藏是台湾高山族文化"专题"，大多为土巴溜秋的民俗器物。1948年春，丁惠康在沪上南昌路法文协会举办"台湾高山族文化展览会，"翌年10月，丁氏应北京清华大学邀请，参加"全国少数民族文物展览会"，会后即将全部展品500余种捐赠给国家，现存中央民族学院。中央人民政府教育部为此向他颁发奖状，上海市文物管理委员会聘其为顾问。丁惠康用自己的实践诠释了收藏品无雅无俗的内涵。

在海派收藏家的眼中,雅俗是玩出来的,"雅"藏,如是沾满铜臭味,也
会俗不可耐。而"俗"藏,同样能雅玩,所谓大俗淋漓即为雅。此类事例,
举不胜举也。如海上画派巨擘任伯年收藏贺年卡,篆刻名家丁辅之收藏
手杖。又如玩火花的钱化佛、朱其石、梅兰芳、胡适。他们将别人弃之远
避的玩意捡起来,积少成多,堆沙成塔,玩出了别有一番天地的情趣,"俗"
藏雅玩,大俗大雅矣。如果说上述事例还不能论证海派收藏的大雅大俗
观,再举康有为例证。1898年10月19日,康离开香港去日本,开始了长达
16年的环球流亡生活,在他"经三十国,行六十万里"的同时,留心中国
流落海外的艺术品,觅得唐宋元明清各代书画数百幅以及其他文物,回国
后藏于上海辛家花园寓所,后又迁至愚园路游存庐。有意思的是,这位传
统文化的卫道士,随同他的大量书画文物藏品一起带回来的,还有大量的
明信片。原来康氏每游一地,必购有当地景物的明信片,并在其上手书地
名或作记录,以作珍藏,要知道,如此收集明信片,当时的国人是前所未闻
的,而康有为玩得有滋有味,玩出大雅大俗的风度。

正因为"无雅无俗"与"大雅大俗"的风范传承，铸就了海派收藏的兼容并收、共繁共荣的优良传统，玩出了民间收藏的真谛。当"文革"结束后，上海的民间收藏再次兴起，迅速形成"飞入寻常百姓家"之势，形成了群众性热潮，涌现出上海滩最早的一批收藏明星，也是当今全国民间收藏最早出现的群体。例如已故烟标收藏家朱大先，这位解放后曾6次被评为全国劳模的老先进，业余时间酷爱收藏中外烟标，藏品近5万枚，又在市工人文化宫举办了个人收藏展，引起轰动。又例如著名钟表收藏家王安坚，生前致力于古董钟表的收藏，并于1984年率先创办了新中国第一座家庭博物馆，影响深远。再例如算具收藏家陈宝定，在收藏算具的同时，发

出了创立民间收藏学的呼声,引起了国内藏界的关注。如果说,民间藏界人士是这样,那么海上文人又如何呢? 文人也同样如此。请看: 杜宣收藏烟斗、峻青收藏奇石、程十发收藏照相机、陈巨来收藏打火机、郑逸梅收藏名片、陆春龄收藏笛子。这些在收藏活动中体现出来的独特审美理念与情趣,折射出了海派收藏文化的雅俗观。

无雅无俗,大雅大俗,雅俗共赏。这是海派收藏文化的魅力所在。

在人弃我藏中标新立异

海派收藏的人弃我藏与标新立异,肇始于清末至民国时期的一位奇人——钱化佛(1884年—1964年)。钱氏江苏常州人,一生富有传奇色彩，早年闯荡上海滩，是位文明戏与京剧的名伶，还当过电影演员，主演过《春宵曲》等影片。他又投身革命，追随孙中山先生，成为一名革命党人，辛亥革命时，曾参加联军先锋队，攻打南京，荣立战功，受到中山先生的褒扬。上海光复后，钱氏脱离军界，在演戏的同时，又以丹青为业，以画佛而名声鹊起。钱氏的兴趣起于何时，今已无从考证，他的遗作《三十年来之上海》一书记载着他的收藏活动，据郑逸梅先生说，该书撰写于1946年，原载于《新夜报》与《今报》，以此上溯30年，亦即1916年左右。钱氏在《三十年来之上海》中的"火柴盒之集藏"一文中，开头即写："人弃我取，这是鄙人唯一的宗旨，所以鄙人好比是个拾荒者，越是无价值的东西，越是要集藏起来，自以为寓价值于无价值之中。因为有价值和无价值，没有一定的标准，我以为有价值，便算有价值了。"正是在这样的理念支配下，钱化佛开创了火花、烟标、请柬、戏单收藏之先河。他甚至收藏起报丧的讣闻与日寇的布告，可谓标新立异得出奇。钱氏居然举办过一次讣闻展览，让惊讶的世人刮目相看，展品中居然有孙中山、哈同、黄楚九、史量才等人的讣闻。

当时，敢于向世俗挑战的钱化佛，在上海滩上并不是孤立的，而是有一个以文人雅士为核心的群体。在这个群体中有大名鼎鼎的国学巨擘胡适之与京剧大师梅兰芳，均喜爱收藏火花。有"补白大王"之称的郑逸梅先生，也是一位标新立异的收藏家，他在《我之"博爱"》的文章中写道："名片也是我收藏品之一。"在其藏品中，最大的名片比16开杂志还大，最小的如同邮票大小。冯孙眉先生也是民国时期上海滩收藏香烟牌子的风云人物，他还在宁波会馆所办的宁波公报任《卷烟画片》专栏主编，介绍香烟牌子知识，推广他的收藏经验。跻身于这种人弃我藏与标新立异的行列中的人，还有作家周瘦鹃、画家朱其石，甚至像沈钧儒这样的"七君子"人物，亦有此奇癖，津津乐道于山野荒漠上的顽石。

* 1990年上海收藏欣赏联谊会在上海人民广场参加上海市民政局主办的社团登记管理条例宣传活动

其实，在上海滩，早在钱化佛前，就有人痴迷于标新立异的收藏，此人便是清代海上画派的巨匠任伯年。据说他喜爱搜集的是贺年卡。贺年卡，又称飞贴、拜年贴，在任伯年生活的那个时代，贺年卡是不入收藏行列的，但这位画坛大师恰偏偏爱上了它，经他收集的贺年片来自世界30多个国家，总计达1.9万余张，其中有单片、合页、连页、书笺等式样，堪称一时之最。

任伯年、钱化佛、郑逸梅之流的收藏，换成今天的时髦词眼，即所谓的"另类收藏"。为什么历史上的"另类收藏"会发端于上海滩，并形成一种文化气候，这是值得我们去深入研究的。

纵观历史，我们知道，海派收藏源于海派文化的大环境，当上海开埠后西方文化浸入这个海港商埠后，传统理念的束缚迅速瓦解，追求个性，开拓创新，就成为这座城市的精神元素，在现代科技的推动下，人们的开放思维在传承祖先的遗训同时，加快了对新生事物的探索与追求。现有的文化模式，已远远不能满足于他们的精神需求。于是乎，有了海派绘画、海派京剧、海派服饰、海派饮食与海派建筑。海派收藏就是在这样的历史文化大背景下，脱颖而出，而社会表现出的极大的宽容性，又使这种新生事物有了较为良好的生存环境。

治学研究与著书立说

海派收藏，具有治学研究与著书立作的好传统。

在海派收藏中，不论是古玩还是现玩，特定的历史、地理、经济及人文环境，都促使那些孜孜不倦的收藏家们，沉住气静下来，对所收藏的物品进行潜心的研究与探讨，在经过长年累月的治学基础上，又将研究的成果著书立说，为中国的民间收藏留下了宝贵的遗产。

丁福保(1874年—1952年)，字仲祜，又字梅轩，号畴隐居士，近代著名的杏林人士，曾创办上海虹桥疗养院。同时，丁氏又是一位名垂青史的大名鼎鼎的海派收藏家，在古籍、钱币与甲骨上，多有建树，其中尤以钱币搜藏最为杰出，民国时被古泉界尊为领袖人物。1936年2月23日，中国古泉学会在上海成立，丁被推为会长。此公非常注重治学与研究，经多年的努力，他将自己收藏的古钱及大量的古泉史料，选出6 000余枚拓片，按辞典编序纂编了一部《古钱大辞典》。开创了民间钱币收藏的新领域，这是一部公认的集币界必备的工具书，至今仍具有它的权威性。与丁福保有同工同曲之美谈的，是沪上另一位邮票大藏家马任全所为。马公1956年捐献国家"红印花加盖小字一元旧票",至今是国家博物馆的镇馆之宝。马氏上世纪30年代始集邮,被公认为国邮的权威,得赖于他1947年出版的《马氏国邮图鉴》,这是中国邮票最早最具权威的工具书。

海派收藏家的治学研究与著书立作有不少不仅对民间收藏,更对我国的文博事业作出过重要的不可替代的作用。这是海派收藏引为自豪的历史。

陈梦家(1911年—1966年),这位与罗振玉为同乡又与汪庆正为好友的海派收藏家,原是一名新月诗人,师从诗人徐志摩,其16岁时,即以一首《一朵野花》,名噪文坛。后来,陈氏转攻古文学,同时又迷上了明代家具的收藏。1985年,当代家具研究泰斗王世襄著录的《明式家具珍赏》在香港出版,其中有38幅彩版,就是陈梦家的旧藏。解放初期,陈氏在清华大学任教,1952年高等院校调整以后,由于其在文物研究上的成就,被调到中国科学院考古研究所任研究员。工作环境的变化,使他的著书立说走上了"井喷"程度,1954年完成了洋洋70余万言的《殷墟卜辞综述》,紧接着完成了另一部巨著《西周铜器断代》。1956年,陈氏又汇编了《中

* 明 黄花梨透空后背架格

国铜器综录》。原来会更有作为的陈梦家，遇到了多难的 1957 年。陈梦家的成就在海派收藏史上，并非孤证。现在，文博考古界都公认郭沫若为当代甲骨学的权威人士之一。但却很少有人知道，作为奠定郭氏甲骨学权威地位的扛鼎之作《殷契萃编》，其成功来自于一位海派大藏家，此人便是上海小校经阁主人刘晦之（1879 年—1962 年）。刘氏以藏书闻名，他不仅重收藏，更注重研究和著述，胡邦彦《记刘晦之先生》一文说："先生著述甚多，予得见者有《尚书传笺》、《礼记注疏》，用力尤多者为《说文切韵》。"但作为一位收藏家，更难能可贵的是，1936 年时，刘获知东渡日本的郭沫若研究甲骨缺乏资料而痛苦不堪时，刘晦之毅然将自己整理编撰的 20 册《书契丛编》，托中国书店的金祖同带到日本，转交给郭沫若。刘氏在谱写中国当代文博一段佳话的同时，也折射出海派藏家的学识风采。

* 1991 年，中国第一部大型收藏图书《中国收藏与鉴赏》编委会合影。前排右四吕济民、右三李俊杰（上海博物馆原副馆长）、右六吴少华、右一杜乃松、右二王莉英、右七周南泉

当代的海派收藏，继承了治学研究与著书立作的好传统，并演绎出新的篇章。自上世纪80年代海派收藏再次崛起时，一大批海派收藏家，在收藏研究的基础上，形成了一个灿若群星的收藏著作群体，并在国内收藏界中，有着举足轻重的作用。在国家文物局等单位举行的"20世纪具有影响的100本图书"选目中，有一本《中国收藏与鉴赏》，该书1993年10月由山东科学技术出版社出版，这是我国当代收藏的第一部大型图书，该书就是由北京故宫博物院的专家与海派收藏家合作的结晶，这本大型图书见证了当代海派收藏著书立说的风貌。

结社开拓的团队精神

上海自1843年开埠后，迅速成为我国最大的移民城市。至20世纪20年代，上海以其独特的魅力，被誉为"东方巴黎"，万商云集，五方杂居，传统色彩与异国情调相交融，从而孕育出崭新的社会风貌与意识形态。这种有别于世代相袭的社会风貌与意识形态，打破了传统的模式，走出各自为政的小圈圈，迈向了社会共荣的大舞台。在这种历史背景下，上海的民间组织出现了空前的繁荣，会馆、会所、同乡会、行业协会等如雨后春笋般涌现。海派收藏也正是在这时，开拓了我国民间收藏组织的历史，成为全国民间收藏的旗帜。

最早在上海滩出现的民间收藏组织，是集邮组织，1912年，就在孙中山于南京就任中华民国临时大总统不久，在上海的外侨就在上海发起成立"上海邮票会"(shang hai Philatelic Society)。这是中国出现的第一个集邮组织，也是我国近代第一个民间收藏组织。成立时会员仅8人，会长为拉奇，会所设在上海开利饭店。我国第一代集邮者李辉堂、周公觉、陈复祥、张庚伯等人为该组织成员。1922年8月，为与外国邮票会分庭抗礼，上海的集邮者在沪成立了"神州邮票研究会"，陈棣村为会长，叶颂蕃为副会长，首批会员22人，主要成员有张承惠、李辉堂、陈复祥等人。尽管这个社团数月后即解体，但它却是我国最早的集邮组织。1925年7月11日，上海的集邮者又酝酿成立了民国时期影响最大的集邮组织——"中华邮票会"，其主要发起者就是著名的"邮王"周今觉(1879年—1949年)，同年10月1日创刊《邮乘》会刊。中华邮票会是神州邮票研究会的继续，在它成立的翌年，著名的"新光邮票研究会"才在杭州诞生。

在早期的民间收藏活动影响中，除了邮票外，就数钱币。钱币最早的收藏组织也在上海。1926年，著名的古钱收藏家张叔训(1899年—1948年)在上海发起成立了我国第一个集币组织——古泉学社，并出学术刊物

* 中国泉币学社第74次例会与会者在罗伯昭先生宅院中合影。前排左起：张絅伯、诸葛韵笙、丁福保、张翼成、郑家相；后排左起：杨成麒、戴葆庭、王荫嘉、张季量、陈亮声、罗伯昭、马定祥

《古泉杂志》。该社成员不少系当时的社会名流,如罗振玉、董康、宝熙、袁克文、陈敬弟、丁福保等。虽说这个集币组织只生存一年的时间,但对全国的钱币收藏产生了极大的影响。10年后,即1936年2月23日,一个更大规模的集币组织在上海诞生,它就是"中国古泉学会"。会长就是大名鼎鼎的《历代古钱大辞典》的编撰者丁福保(1874年—1952年),叶恭绰与张叔训担任副会长。到了1940年,著名集币家罗伯昭来沪发起创办了"中国泉币学社",丁福保再次出任会长,这个组织后来发展到全国,成为一个拥有近200个社友的全国性泉币组织,同时也是解放前历时最长的集币组织。云集了当时国内集币最强势的人物,他们是丁福保、罗伯昭、郑家相、王荫嘉、张纲伯、蔡季襄、戴葆庭、张叔训、张季量、杨成麒、陈仁涛、孙鼎、马定祥等。

* 上海市收藏协会更名揭牌仪式

据有关资料显示，最早的火花集藏社团也诞生在民国时期的上海。为什么这些民间收藏组织最早都问世于黄浦江之畔？因为是这座城市的包容性与创新性，冲破了传统的束缚，适应了这些社团走向更广阔社会的追求。那些我国最早民间收藏组织的发起人与创办人，清一色都不是上海土籍，而是来自异省他地的客籍人士，他们为什么不能在故里施展身手，而在上海留下了他们的足迹，这就是海派文化的魅力所在。在这种城市文脉的沿袭下，当民间收藏在"文革"结束后再度崛起时，中国最早的省市级法人收藏组织——上海市收藏协会便应运而生（**当时叫"上海收藏欣赏联谊会"**）。

多姿多彩的收藏展览

上海滩的收藏，以前基本上是封闭的，收藏家们将自己的藏品藏之深阁，秘不示人。但自从20世纪80年代上海滩上出现"收藏热"以来，人们的传统保守思想被打破了，为了弘扬祖国文化，陶冶人们的情操，丰富市民的文化生活，收藏家们纷纷拿出藏品举办收藏展览。在众多的展览中，有个人举办的，有数位收藏家联办的，有配合各种文化艺术活动被邀请举办的，还有是各级收藏组织精心筹备举办的。上海收藏家们还携带藏品，不辞艰辛，远征南京、蚌埠、广州、武汉、长沙、北京，甚至连中国香港、新加坡、日本、美国都留下了他们的足迹，影响很大，笔者在此不得不书上一笔。

在上世纪，上海收藏展览的规模、层次和影响，要数1990艺术节《首届上海民间收藏精品展》。1990年5月15日的《新民晚报》，以《上海民间收藏精品展落幕》为题，报道"上海民间收藏精品展昨天闭幕，参观人次超过三万，是上海艺术节的一个热点"。

　　《首届上海民间收藏精品展》是由上海市收藏协会（当时称上海收藏欣赏联谊会）和上海美术馆共同筹组的，在上海美术馆展出，自5月5日至5月15日，共10天，云集了上海滩近百名著名收藏家上万件藏品，共计57个门类，大到数公尺的"巨无霸"算盘，小至只有在显微镜下才能看清的发画，古今中外，形形色色。上海市原市长汪道涵特地为展览题字。这次展览在观众中引起了强烈的反响，杨浦区25中学的4个班级的133个学生，来此观赏祖国的文化艺术，同时举行庄重的离队仪式。江苏省大屯煤电公司劳模休养团，一行30多人，在那些微雕、紫砂壶、根雕、雨花石、戏服、蝴蝶、砚台面前，感慨万分，流连忘返，正如他们在留言簿上写的那样："民间珍品，激发我们的爱国热情"。北京有个爱好者，从电视上看到展览报道后，自费专程赶来上海，正巧赶上展览最后一天。这个展览也吸引了许多外宾，英国驻沪总领事欧义恩先生领着他一家人前来参观，细心地观赏那中外古钟表。澳大利亚驻沪总领事麦墨瑞先生也携带两个孩子，兴趣盎然地欣赏徐滨杰先生制作收藏的中国古帆船模型。美国——上海卡博特化工有限公司总经理柯恩理先生在参观了温举珍的上海古桥、古塔专题旅游集邮后，赞不绝口，连连说："中国人太伟大了！"上海民间收藏家另一种重要展览形式，就是以家庭为展览场所，一年四季向社会开放，接受人们的参观。地处杭州湾的金山石化总厂的火花收藏家韦清，他将绚丽多彩的中外火花精心陈列出来，为地处僻远的石化职工提供了一个业余时间的好去处。钥匙收藏家赵金志的家虽处于浦东，但来这里参观的人还是络绎不绝。南京清凉山公园展览部的两位同志闻讯专程赶来老赵家，参观后当场拍板，邀请他去南京展出。

* 1990年在上海美术馆举办首届民间收藏精品展场景

上海民间收藏家们还热情地接待了不少外宾。美国马里兰大学的李斯特教授应上海师大邀请讲课,他所加的条件就是要访问上海钟表收藏家。联合国儿童基金会驻北京总代表阿赫迈德·曼佑,专程赶来参观陈宝财的蝴蝶义展。我国台湾的一个观赏团欣赏了胡仁甫的树根造型后,称赞这里有最有价值的艺术品。上海锦江外商服务中心通过上海收藏欣赏联谊会组织外商参观了周丽菊的石刻《红楼梦》,惊叹不已,赞不绝口。日本的一个日中友好代表团来华举行日中友好活动时,把参观陈宝定的算盘列为重要内容,因为日本人非常崇拜中国的算盘。当然。也有留下遗憾的,几年前金秋,我国台湾的胡秋原先生来沪观光,胡先生提出要参观上海收藏家卫治安先生收藏的玛瑙石,但因接待部门未能及时得到卫

* 2004年12月"第四届中国京剧节——中国京剧文化收藏展"开幕式

先生的详细住处,从而使胡先生的大陆之行留下了深深的遗憾。

随着海派收藏的发展,进入新世纪后,展览活动更是精彩纷呈。据上海市收藏协会统计,自2005年至2009年这5年中,是上海收藏大发展的5年,这发展在很大程度上是建筑于活动之上的。据初步统计,5年来的大大小小的活动已近千场,活跃而红火。在这些活动中,有不少具有市内、国内及海外的影响与辐射力。2005年,在纪念中国人民反法西斯胜利60周年时,上海市收藏协会举办了祈福和平收藏展,继而又到四行仓库举办抗战遗珍展。9月3日,我们收藏家的展品走进了上海大剧院,受到了韩正市长的佳评。2006年,在我国第一个"文化遗产日"之际,我们举办了"非物质文化遗产上海民间收藏展",这是国内首个"非遗"收藏展。为配合第四届中国京剧节,又举办了"中国京剧文化展"。

＊2006年第五届国际花卉节上,上海市收藏协会主办了《玉雕精品展》,参观人次达50余万

2007年初，上海市收藏协会在三山会馆举行"海上年俗风情展"，引起社会的强烈好评，现已连续举办了四届，成为上海春节期间一张亮丽的名片。2007年11月，上海市收藏协会在三山会馆举行《世博遗珍——历届世博会中国获奖工艺品展》，该展列入第九届上海国际艺术节重要活动之一，并荣获创新项目奖，也成为本市迎世博的第一个民间收藏展活动。

　　5年来，活动影响最大的是2008年10月举办的"上海收藏文化周"活动，该活动是配合2008年上海世界华人收藏家大会重要系列活动。主会场设在金茂大厦，举办了"海派收藏精品展"，另外设立了13个分会场，遍及本市8个区域，参观人次超过7万，创造了众多的上海民间收藏记录，得到中纪委副书记李玉赋等领导的好评。"上海收藏文化周"活动在海内外产生了极大的影响。

收藏家的艰辛甘苦

　　歌德曾讲过："搜藏家是幸运。"但要去做一个真正的收藏家，在五光十色的藏品背后，道路是异常艰辛、曲折、痛苦的，甚至要为此付出毕生的心血。

　　民间收藏是国家文博事业的重要补充部分。清光绪二十三年(1897)清朝政府发行了《红印花小字当壹圆旧票》，亦称《红印花票》。发行时仅50枚，而敲盖邮戳的《红印花票》仅1枚，成为世界邮票孤品。这枚珍贵的孤品是上海已故著名集邮家马任全先生于20世纪40年代不惜重金收购到的。1956年，马任全先生毅然将该邮票捐献给国家，成为中国邮政史上的重要文物。1980年，中国邮电部举行授奖仪式，以表彰这位集邮家对国家的贡献。上海著名的纸币收藏家吴筹中先生将"文革"劫后幸存的

5 213张精品纸币捐献给上海博物馆，其中包括罕见的元代"至元宝钞"，孙中山为筹措辛亥革命资金在国外发行的1 000元面额的金币券，（据说此券目前仅发现两枚，另一枚在台湾）。由毛泽东、林伯渠、邓子恢署名盖章的中华苏维埃共和国发行的经济建设公债券等。这些珍贵的纸币为国家收藏填补了空白。上海将珍宝捐献给国家的收藏家很多，如刘靖基先生捐献给国家许多珍贵的书画；研究我国奴隶制度的重要文物——大盂鼎、大克鼎，就是潘达于老太太捐献的；著名的胸外科医生顾恺时先生将200余件文物捐献给国家，其中有"天下第一玉刀"等珍贵文物；著名钱币学家马定祥先生将自己收藏的珍贵古钱古币捐献给自己的家乡，浙江省博物馆。

20世纪50年代的上海，朱大先同志从革新成功750度强力切削车刀而闻名全国，被人们称誉为"车刀大王"。1959年，他和倪志福等一起参加第一届全国群英大会，被评上全国劳模。但他业余时间却爱好收藏香烟壳子，在那极"左"的"火红年代"里，一个大名鼎鼎的劳模去收集什么香烟壳子，岂不易"玩物丧志"，天无绝人之路，老朱想出了一个极妙的办法，搞"地下收藏"。就这样从青年到老年，他"地下收藏"30余年，这需要多大的毅力啊！在他的藏品中有300多种1890年至1902年这个时期的舶来品香烟商标，这在国际上也是十分罕见的，像美国"花旗烟公司"的《自由》《888》《金质》、"大英烟公司"的《三金钱》《沙船》；"惠尔斯烟草公司"的《鱼狗》《绞盘》《海盗》；"联合烟草公司"的《云雀》《成功》等等，都是研究烟草工业史不可多得的实物资料。

收藏品是来之不易的，每一件藏品背后，往往蕴藏着一个精彩的故事。许四海先生，是一位紫砂茶壶收藏家，30年前，他在广东当兵时，忙中偷闲到汕头的地摊上觅壶。一天他看见一把紫砂壶，摊主索价500元，四海口袋里哪有那么多钱，一狠心就将手腕上的"铁达时"全自动手表交与摊主换下了那把紫砂壶。这只紫砂壶就是清朝雍正年间出于陈阴干之手的"竹节提梁壶"。1988年的一天，广州火车站走进了一位拎着沉甸甸包的上海旅客，此人急急匆匆，满头大汗。他的"异常"引起了人们的注意。在检查人员高度警惕的目光下，他打开了沉甸甸的提包，只见里面全是旧铜钥匙，当检查员了解到他就是上海的钥匙收藏家赵金志时，便怀着崇敬而抱歉的心情，目送这位自费来广州觅钥匙的收藏家走进候车室。这位被人誉为腰系万把钥匙的收藏家，为了收藏，几乎全部把收入投资到收藏事业上了。

收藏家的事业是冒着生命危险换来的，1937年，日本飞机轰炸昆山时，当时在农业银行工作的陈宝定先生什么也没有拿，只将那把朝夕相伴的红木算盘抱着钻进了防空洞。这件与他共患难的红木算盘成了他的第一件藏品。而书画收藏家钱镜塘在抗日战争中的一幕更惊险：日本鬼子从金山湾向嘉兴、海宁、杭州恶狠狠扑来，快近硖石镇了。当时作为钱家当家人的钱镜塘，和全家人一起登上逃难之途。晚上，突然想到家中那些未及收拾的墨宝篆印画轴，坐立不安了，这是他家代代相传的家宝，岂能毁于一旦。于是他悄悄地摸黑回到了镇上家中，将精品董源《雪竹图》等几十幅卷轴捆扎一起，离开硖石镇。当他步履踉跄地登上东山时，远处犬吠顿起，火光一片。

收藏，是一种家庭文化，它需要家人的理解、支持和配合。江南造船厂有位"嗜钱如命"的钱币收藏家余榴梁，他在结婚前夕，听说有两位老先生要转让掉一批历史辞书和古钱。余榴梁决定要买下它们，但哪里有这笔额外费用呢？他犯难了。岂料，这事被未婚妻知道了，她毅然动员未婚夫将结婚的新家具让掉，成全了丈夫的心愿。相反的例子，导致另一种结局。我国著名的火花收藏家严汉祥，是一位身兼数个外国收藏组织会员的收藏家，他收藏中外火花之巨称雄华夏，可他的妻子却坚决要与他离婚，理由是她不能和一个"怪人"生活一辈子。于是他只能睡二尺宽的铺板，被褥破得露出棉絮，看了令人心酸。一位老编辑在欣赏了严汉祥的丰富藏品后，万分感慨地说：收藏家应该得到尊重，他们几十年如一日地刻苦追求，应同作家写书，艺术家表演，美术家绘画一样值得尊重。

民间收藏为国家文博事业提供服务，也是上海民间收藏的一大作用。沙船，是古代上海地区的代表性海上运输帆船，现已消失，但它是上海的象征，在上海市徽中就有沙船的图案。多年前，上海博物馆决定要复制一艘明代沙船模型，加以珍藏。中国造船学会高级工程师李邦彦设计出图纸，由谁来完成这一高难度的船模呢？任务落到了徐滨杰身上。老徐当时年过六旬，他是一位集制作与收藏于一身的收藏家，人称"百舸富翁"。

* 2005年1月25日上海市收藏协会颁发首批"海派收藏成就奖"

他精心复制的一条1.5公尺的明代沙船模型,现陈列于上海博物馆。他的作品还被陈列在人民大会堂上海厅,他还为北京军事博物馆复制了当年郑成功下台湾的战船模型。

南京博物院有三件清王朝的宝钟:"鸟笼钟"、"仙鹤跳舞钟"、"卷帘打铃钟"。它们原为洋人们献给清朝皇帝的贡品,金碧辉煌,其妙无穷。抗战期间几经迁移,历经磨难,该叫的不叫,该跳的不跳,最后只得封存仓库,打入冷宫。后来南京博物院院长亲自来上海,特邀请古钟表收藏家王安坚与姜超先生去南京修钟。王安坚与姜超经过了3个多月的日夜苦战,终于使这三座皇宫宝钟恢复了青春。

像这样的故事还有许多。1929年6月1日,伟大的革命先驱孙中山灵枢由北京西郊碧云寺迁至南京中山陵时,全国各地纷纷举行了各种纪念

* 将收藏展览办到小区,这也是海派收藏的特色

活动。江苏如皋县城为此建造了中山纪念楼,楼顶建大钟一座。解放后,这座大钟就停走了,管理部门多方请人修理,得到的答复是,没有修理价值了。岁月匆匆,一晃就是1987年的夏天,突然来了一位不速之客,提出要修复大钟。在人们的怀疑目光下,这位不速之客带了一位助手,登上钟楼,日夜奋战了8天,果真将大钟修好了。当管理部门要给他报酬时,他摆摆手笑道:"能为家乡做点事,我很高兴。"这位不速之客原来就是上海古钟表收藏家刘国丁。

收藏家经过了刻苦的研究和钻研,自学成才,常常能成为某一个艺术领域中的奇才。周长兴是一位微雕艺术品收藏家,他制作出来的石壶竟和紫砂壶一模一样,惟妙惟肖。笔者曾陪同美国领事金大友先生参观周先生的石壶,周先生当场做了表演,他任意取出一件石壶,灌满水盖上盖,倒过来,壶嘴竟然滴水不漏,当揿盖的手稍微一松,水像线一样从壶嘴里流出,再一紧,水又断了。那位老外看傻了眼,说:"我无法相信,不,不,我简直感到不可思议"。不用说一个美国人,就连考古行家,在放大镜下细细观察,也断定这是紫砂而决非石头,真是绝了。令人惊叹的是,这位精通雕刻、绘画、书法、金石、文学、考古的收藏家,却是一个从未进过学堂门的人。

风靡世界的权威著作《吉尼斯世界之最大全》1990年版记载:世界上最小的小提琴的长度为2.38厘米,而当时名为上海收藏欣赏联谊会乐器分会会长黄跟宝制作的小提琴长度仅为1.98厘米,这件完全仿照意大利古典制琴大师斯特拉瓦里瓦作品的微琴要比《吉尼斯世界之最大全》还要小0.4厘米。更叫人惊讶不已的是,只要你有耐心,照样可以在那四根琴弦上拉出标准的音阶。发画制作收藏家丁贵兴,他能在一根普通的白发上,精心描绘出美国40位历届的总统的头像,从华盛顿到布什,无一不栩栩如生,神采奕奕。

标新立异的私人博物馆

与一位艺术家聊天，艺术家告诉笔者，他一生进过两次高等艺术院校，头一次是上世纪50年代，进的是中央美术学院，到了80年代，他又踏进俄罗斯列宾美术学院的大门。莫斯科给他留下印象最深的是，在那座美丽而富有文化气息的城市，有着看不完的博物馆，艺术的、历史的、民俗的、工艺的、生活的，而且其中绝大部分是私人博物馆，在他住处的隔壁就有一座袖珍的私人地铁博物馆。等他离开这座城市时还有不少没有光顾到，艺术家留下了深深的遗憾。

到一个城市看什么？几乎所有的旅行节目单都标明了一个宗旨：去看历史，去看历史车轮在那个城市留下的轨迹。古建筑与古遗址是不可移动的文物，而在博物馆内珍藏着同样珍贵的，可移文物，每一件文物都印证了一段历史，都蕴藏了一段昨天的故事，向不同肤色的游客叙述着这个城市的骄傲，从而也赢得了这个城市在国际大舞台上的话语权。政府不能包罗一切，留下了更多的空间给予私人博物馆。

私人博物馆是人类历史上最早的博物馆，私人博物馆孕育了近代公共博物馆。

西方的私人博物馆可追溯到欧洲文艺复兴时期。15世纪末，随着环球新航线的开辟和美洲新大陆的发现，使得从遥远的地方搜集奇珍异物变为梦想成真。于是，欧洲的探险家、旅行家、传教士、商人们，纷纷来到遥远的东方，满载着中国、印度的文物而得意洋洋地回归，荷兰的阿姆斯特丹城一时成为世界艺术品，的贸易中心。

欧洲涌现了一批名重史册的私人收藏家，如意大利的保罗乔瓦、梅弟奇家族，英国的约翰·崔生，荷兰的昆齐贝等。在收藏的热潮推动下，私人博物馆便应运而生。

闻名于世的乌菲齐博物馆落成于1584年，它聚集了文艺复兴时期的代表作品，例如波提切利的《春》、《维纳斯的诞生》，乔托的《庄严的圣母子》，提香的《花神弗洛拉》，达·芬奇的《东方三圣的膜拜》，米开朗琪罗的《圣家族》等，都是举世闻名的历史珍品。这个博物馆的基础就是私人博物馆，它是山梅弟奇家族的代表人物老科西莫和科西莫一世创立的。

在中国首创真正意义上的私人博物馆的是张謇(1853年—1926年)，这位清王朝的末代状元在其家乡南通，创办了"南通博物苑"，时间是1905年。它不仅是我国第一个私人博物馆，也是我国第一个公共博物馆。这位中国私人博物馆的先驱，历时十年苦心经营，终于使其博物馆初具规模，所收藏品达到2 900多号，计20 000余件，分为自然、历史与美术等部，达到了"高阁广场，罗列物品，古今咸备，纵人观览"的目的，在张謇的"南通博物苑"的影响与推动下，古老的中国兴起了第一个办博物馆的高潮，其间天津、河南、广东、湖南、江西、江苏、贵州等，纷纷创办各种陈列馆与陈列所。1912年教育部在北京国子监旧址筹建国立历史博物馆，1926年10月正式开馆，这是中医第一个国立博物馆。

中国私人博物馆热真正兴起，是上世纪的80年代中期，最早的策源地是上海，它像一缕缕春风吹遍了神州大地。

上海第一个吃螃蟹者，是已故钟表收藏家王安坚先生，这位被周谷城誉为"钟表之家"的收藏家于1981年的秋天，在市中心人民公园第一次向社会公开展出他收藏的古旧钟表，引起了轰动。王安坚先生也成了新闻媒体的明星。1983年，王安坚创办了"王家钟表博物馆"，《解放日报》发表了一块豆腐干新闻，篇幅虽小，但新闻价值却不小，在当时确实是件破天荒之事。那些千奇百怪，造型迥异，跨越久远历史的古钟，正奏出悠扬悦耳的齐乐，敲启未来的窗户。美籍华人、著名考古学家沙米李先生在《中国日报》上看到"王家钟表博物馆"的消息后，专程赶到上海参观，并将自己保存多年的日晷一具（我国400年前的计时器）赠送给王安坚。为了收藏钟表，王安坚先生有着说不完的故事，1987年，笔者为撰写《收藏历史的人》，与王安坚先生成了忘年交，听了他许多故事。20世纪60年代初的一天，王安坚在一家旧货商店发现一只雕花的瑞士打簧表，顿时眼睛一亮。可是一瞧价格很高，他的心又沉了下来。回到家里，寝食不安。妻子以为他病了，嘘寒问暖，他才掏出心思。夫妻俩合计了半天，决定将结婚时妻子添置的一件大衣卖掉，凑足钱款去换回那只18世纪的雕花打簧表。如今，王安坚先生早已离开人间，但他创办的家庭收藏博物馆的事迹，却永远记载进上海民间收藏的史册。

继王安坚的"王家钟表博物馆"后，上海滩上另外两位著名的收藏家，也利用自己的居室创建了"陈宝定算具陈列室"和"陈宝财蝴蝶博物馆"。还有一位收藏巾帼杜宝君，她收藏雨花石，其痴情一点也不逊色于须眉，创办起一座"杜宝君雨花石藏馆"。从那以后，家庭博物馆在上海滩上，犹如雨后春笋般地崛起，收藏的品种五花八门，千姿百态，有钥匙、筷子、船模、火花、紫砂、微雕、扇具、奇石、报纸、扑克、字画、根雕、陶瓷、戏服、锁具、创刊号、玛瑙石、性文化、天然造型、蓝印花布、民俗用品等。据上海市收藏协会统计，大约有150家之多，在全国各省市中名列榜首。

沪上的家庭博物馆的馆主，大都是一些昔日卓有成就的收藏家，他们积十几年乃至数十年的收藏心血，然后利用自己的住房，节衣缩食，因地制宜地自资建馆，向社会公众开放。这些藏馆大多具有"小、专、奇、特"的特色。"小"：　因大部分是在家中辟馆，具有较浓厚的家庭气息，但展览的场所与陈列的规模都有限。近年来，随着有经济实力的企业家的加入，以及上海住房条件的提高，上海民间收藏博物馆有做大的趋势。"专"：每位收藏家都有自己的专题，所以，那些家庭博物馆都有各自的专业特色，正因为这些特色，使这些私人博物馆具有较厚的深度，往往一个展馆就是

* 一流的设施，一流的展品，上海滩民间私人博物馆一景

一个专门的学科。"奇"：收藏本是一种猎奇的兴趣追求，在海派收藏中，可以说将这种心态发挥得淋漓尽致，无所不收、无奇不有就成了上海家庭博物馆迷人的特色。最后一个特色就是"特"：具有特定的办馆宗旨、特色的陈列体系与特定的观众群体。例如"彭天皿天然造型博物馆"，陈列着由12种天然之物——树根、奇石、朽木、残岩等，组合成十二生肖的形象，惟妙惟肖，令人叹为观止。

* 上海滩的收藏千奇百怪，刘惠钧收藏的是各种各样的易拉罐

中国收藏舞台上的南腔北调

北京与上海是我国两个最大的城市，前者是中国的政治文化中心，后

者则为我国商业经济中枢。由于所处的地理区域位置不同，历史文化背景的差异，从而构成了各自的形象，逐渐形成了京派文化与海派文化。这种文化现象渗透到一切艺术领域，如北京有"京剧"，上海有"越剧"；北京有胡同，上海有弄堂，北京有梅兰芳、齐白石、老舍，上海则有周信芳、吴昌硕、巴金。在民间收藏领域，同样也有着这样的"南腔北调"，存在着种种差异。

京沪收藏之差异，由采已久，早在民国时期，北京的琉璃厂与上海的五马路，就成为京沪两地收藏的标识。这两个中国最著名的古玩市场，清晰地折射出北京人的豪爽大气与上海人的精明算计。北京的琉璃厂规模大、气势足，足足一条长街，店肆斋铺鳞次栉比，光顾者不是达官显宦就是文人墨客。而上海的五马路，则是一个古玩室内大市场，里面铺位林立，精典紧凑，显示了上海人的精明，浏览者也多商市财主、社会名流。琉璃厂的掌柜们可以登堂入室拜会高官贵族，而五马路的经理们则说着"OK"，与洋人们打成一片。不同的文化背景，孕育了各自的代表人物，且都在中国近代收藏史上举足轻重，京派有罗振玉、张伯驹、刘九庵，而海派则有张大千、叶恭绰、谢稚柳。于是乎，泱泱京师之外，人们给上海冠以"半壁江山"的美誉。

在当代兴起的收藏热中，京沪两地又成了中国民间收藏的两大中心，南北呼应，名闻海内外，各有其鲜明的特色。

一、收藏观念。上海人喜欢量，而北京人讲究质。质与量，既联系又独立。上海是我国货物生产集散之大商埠，沉淀于民间的收藏资源相当丰富，上海人能较容易地从市场上寻觅到种种物品，所以精明的上海人于收藏时，常常是在数量上下功夫。收藏达到一定数量，便产生了上海人好称"王"的心理，例如××大王、××之最等。

而北京则是历代古都，王公贵族摩挲过的玩意，随便拣几件就是价值

连城的宝贝,眼界高了,一般之物很难入眼,要收就要讲究它的档次,亦即它的含金量,数量多少在其次,关键在于它的价值。一物一品,都要讲究它的来历,所以北京人常会这样说这物件是乾隆爷时期的旧货。

二、收藏心理。上海人开放、活跃,北京人内敛、严谨。不知笔者叙述得对不对:凡是京沪两地以外举办的种种收藏活动,说"阿拉"者肯定要多于京腔的。记得1995年底在广东惠州举办中国收藏家展览评选活动时,上海不仅浩浩荡荡地去了23位收藏家,其中有不少名家,并且组成了惟一的参展代表团,而在这次收藏盛会上,北京来的收藏家却屈指可数。再从家庭博物馆来看,上海自1982年已故钟表收藏家王安坚先生领国内之先,创办家庭博物馆以来,至今已成立150多家。这些馆主无一不敞开大门，欢迎来自全国乃至世界的参观者。而北京人则持以非常严谨的态度，据报道至今不足10家，并且都经过文物管理部门批准，都具有相当的规模。上海的家庭藏馆虽多，但百分之九十五以上都处于自生自灭状态，而且相当一部分是"螺蛳壳里做道场"。

三、藏品品类。上海人追求包罗性，北京人注重传统性。有一位往返于京沪之间的古玩商贩告诉笔者：凡是稀奇古怪的东西拿到上海必有买主，凡载负历史文化传统的物件则要送到京城去卖。这话道出京沪两地的市场差异。特殊的地理和城市条件，使上海成为中国接受外来文化的最前沿，必然影响收藏领域。"海派"收藏的对象极其广泛，五花八门，包罗万象，从筷子、钥匙、调羹、酒瓶、易拉罐，一直到纽扣、股票、拐杖、连环画、打字机、电话簿、电话机、甚至连乌龟、中草药标本，都在收藏之列，千奇百怪，令人目不暇接。这种形态基本是受西方收藏的影响。而北京人不同，他们非常注重传统性，夙夜以求的是三代的青铜器、汉唐的老玉器、明清的官窑名瓷、官刻的版本、名家书画、纨绔子弟的虫具、风流才子的墨迹。一件孤本的明拓，可以让他们如醉似痴，一函前清翰林的尺牍，足以叫他们手舞足蹈。

海派收藏不仅具有包罗性，而且还有开拓性，这种收藏文化的鼻祖应首推钱化佛，此公曾追随孙中山，上海光复胜利后，功成身退，致力于绘画、演戏，但收藏最有成就，他开火花、烟标、门券、戏单收藏之先河，美其名曰"人弃我藏"。北京的民间收藏，有一位有口皆碑的人物，他就是张伯驹，这位民国初期的"四大公子"，一生情系文物古董，为一幅名画可以不惜重金，甚至卖掉房产，抢救了一大批故宫流失出来的国宝，解放后他毅然捐献给了国家。

四、宣传报道。京沪两地的新闻媒体均对民间收藏表现出极大的热忱。但细心地辨别，两地宣传报道的内容却各有重心。上海热衷于藏

家人物，而北京则厚待藏品。北京著名收藏家马未都曾非常形象地描述：抬头望国旗，低头看古玩，成为北京的两大景观。而这种景观决不会出现在上海。上海的藏家采访专稿，能让人由衷折腰感叹，北京的藏品追踪报道，会紧扣心弦而发思古之幽情。另外，北京拥有《中国文物报》、《文物天地》、《收藏家》、《中国收藏》、《考古》等众多的收藏报刊，层次有低有高，覆盖面非常广（当然这与首都的地位有关）。而作为中国收藏"半壁江山"的上海，至今还没有一份有分量的收藏报刊。原因虽有种种，但与上海注重"人"而北京讲究"物"的理念不无关联，因为宣传人，不足以连篇累牍形成专业报刊，而彰扬"物"，就有了优势，泱泱五千年文明古国，信手拈来便成文章。

五、收藏队伍。北京与上海都拥有阵容强大、实力雄厚的收藏大军。上海的媒体报道申城有收藏大军40万,这是记者提供的数据,不知来源何处?但20万收藏爱好者肯定会有的。北京少有这方面的统计数据,估计也不会低于20万。但京沪两地收藏队伍的组成结构,却有着非常大的区别,上海以民间、非专业(文博)人士为主体,而北京则以官方、专业人士为主导。以收藏组织为例,上海市收藏协会成立于1986年6月,纯民间人士发起,为中国成立最早、规模最大的省市级法人收藏社团,注册会员累计达到了4 400余,下设专业委员会14个,举办过千余场各类展览,成果累累,名扬海内外。这个上海惟一的全市性收藏协会,它的法人代表、领导核心,乃至理事会成员,清一色来自民间、非专业人士,虽说它隶属于上海市文化广播影视管理局,但只接受管理局的领导,并无官方派员。而北京的情况却另样,原东方收藏家协会曾是北京的收藏组织,后又诞生了中国收藏家协会,此两个组织都是由有关政府部门出面组建的,中国收藏家协会由国家文物局管理。这两个收藏组织的会长,都是由退下岗位的原国家文物局局长担纲,协会的领导层也以官方与有关专业人士为主体框架。又以活跃于民间收藏领域的鉴定人员为例,北京的鉴定家绝大多数是拥有各种高级职称头衔的专家或曾在官任过职,不少在国内外有相当的知名度。而上海就不同了,以在全国曾有影响的上海卫视《好运传家宝》节目为例,出现于这个节目的很有名望的专家鉴定团,其成员百分之九十以上都是来自民间的鉴定家,无令人钦慕的职称,更无官方的背景,但他们中间从事古玩艺术品经营与拍卖的人士却居多数,拥有非常丰富的市场经验与市场信息。这里再举一例:1993年山东科技出版社出版的大型图书《中国收藏与鉴赏》,该书的作者来自京沪两地,北京的以吕济民先生领衔,麾下的作者全部是北京一流的文博专家,如青铜器专家杜迺松、陶瓷器专家王莉英、玉器专家周南泉、收藏学博士李雪梅等。而上海的作者中，笔者忝为领头，是清一色的民间收藏人士，既无头衔，又无职称，像钱币收藏家余榴梁、徐恒皋，珍石收藏家俞莹，火花收藏家韦清，自由撰稿人孙宏毅等。身份差异极大，但合作著书却异常和谐。

除上述五方面外，京沪两地的收藏还存在其他种种差异，如藏品审美情趣的偏好。据古玩长辈说，民国时期上海市场明清瓷器热门，而北京则推崇宋元名瓷，便是一例。因两者的观赏各有侧重，北京更讲究藏品的内在文化涵容，所以甲骨金石、碑拓法帖、书法绘画、版本尺牍就成了藏家的心爱之物。又如藏品流通，北京人收藏到好东西，一般不会轻易外扬，也不会轻易商贾，即使易手，也是悄悄地委托古董店。而上海人则十分善于使藏品流通，除圈子内"叫行"外，还会大摇大摆到旧货店、古玩店寄售，甚至干脆下海开店经营，但上海人却又有精明的一面，他们常常流掉的是

---

* 2006年7月23日，"收藏不忘慈善"义拍活动在中福古玩城举行，著名电影艺术家秦怡捐出残疾儿子金捷油画作品，中福古玩城总经理徐文强出资2万元买下，所得款项捐赠国内第一座收藏希望小学，吴少华会长接受捐赠

复品、普通品，而精品则不会轻易出手。再如，上海人对藏品的信息非常敏感，像藏品的价格、市场的动态、拍卖的行情、藏品的产地、国际上的走势等。而北京人则热衷于藏品的研究，重视它在历史文化上的地位、价值，追本溯源，著书立说……

收藏舞台上的南腔北调，谱就了当今中国民间收藏的优美旋律。京沪两支收藏大军各有特色，各有优势。妙哉！正是这种差异，才使得京沪两地的收藏有声有色，南北呼应，相得益彰。

第二章

颇具特色的古玩市场

沪上古玩市场溯源

"申江好,古玩尽搜探。商鼎周彝酬万镒,唐碑宋帖重千镰,真伪几曾谙。"这是清代的一首竹枝词,我们从中可以看到百年前上海滩上的古玩市场的风貌。

上海的古玩生意,应该说历史很早,但真正形成市场的则发轫于清咸丰年间,当时苏南的南京至苏州一带的古玩商人为避太平天国战火,纷纷逃往上海。与此同时,江浙一带的富贾巨商也从四面八方云集于上海,他们携带了大量古董细软,为上海的古玩生意提供了源源不断的货源。同治年间,最初的古玩市场出现于老城隍庙西侧的侯家浜即现在的侯家路,不过都是地摊。高档次的古玩交易市场则在"茶楼市场"。据清宣统元年(1909年)初版的《上海指南》卷八载,城隍庙"四美轩"有前后之分,"前四美轩"茶馆饮客古玩帮为多,"后四美轩"茶馆饮客翡翠帮为多。当时在茶楼里进行的交易,大多为同行间的"叫行"。进行交易的古玩商有两类,一类是穿街走巷收购者,称之为"跑筒子",他们到茶楼是为了放货。另一类是专门将古玩送货上门的掮客,他们到此是为了搂货。一般

* 旧上海滩著名鉴赏家张葱玉

古玩收藏者很少到场子里来。当时的古玩商以回族人居多，世称"识宝回回"。民国七年（1918年），在四美轩内开设了顾松记、鑫古斋、松古斋、恒益兴、崇古斋、孙文记等古玩商号，经营铜器、瓷器、字画、玉器等古玩商铺，并形成了一定规模的行态。

进入20世纪，上海滩的"华洋分居"的社会格局被打破，中国传统式的古董生意也随着社会的发展从老城厢的城隍庙向城外租界迁徙。据说，最早进入租界的古董贩子，越过老城厢北面的洋泾浜，出没于外滩一带。那些闯入租界的古董贩子售货的对象，是一些外国水手与洋行的职员。这些古董贩子能懂几句洋泾浜英语，据老一辈人讲，这些英语发音大多是扬州口音。

民国时期，在上海租界上出现了旧中国最负盛名的"五马路古玩街"。"五马路"即今广东路，"五马路古玩街"，是旧时上海滩古玩市场的缩影。其时，最早进入租界的古董生意人聚集于一个叫"怡园"的茶社，它地处五马路江西路口，与老城厢相对应，称之为"北市"。到了1921年，因怡园茶社楼房不敷应用，由上海清真董事会董事长马长生等人发起，募集资金筹建中国古物商场，是为上海古玩商业系统中最早的一家室内交易场所，同行可在此交易，顾客也可自由选购或出售古玩。至1932年，因商场摊位拥挤，且房屋又年久失修，为拓展业务，经部分古玩同业倡议自行增设上海古玩市场，俗称"新市场"，而原来的中国古物商场则叫"老市场"，后合并经营。1946年，上海成立"上海市古玩商业同业公会"，会址设在五马路古玩市场内，并将市场内经营的坐商依资本额评为甲乙丙丁四级。

五马路古玩街全盛时期是上世纪30年代中叶，当时的古玩店铺达210家左右。特别有海派特色的是，这里还有洋人开设的中国古玩店，"史德匿古玩行"即是其中一家颇有影响的店铺。业主史德匿，于20世纪初来华就职于上海中国江海关出口古玩检查部，精于鉴定，其个人庋藏宏富,除金石书画之外,古瓷尤多,以宋代定窑器而著称沪上。清末宣统三年(1911)冬,史德匿还举办过一次个人收藏展,获得吴昌硕的赞赏。当时,史德匿经常出入于五马路古玩街,被人称为"黄胡子"。1927年,史德匿在英租界宁波路7号开店,初名为"古迹洋行"。1937年移址于五马路口江西路上。1946年,史德匿退出古玩经营,其店转让给雪耕斋文玩号。

* 1952年12月18日,上海博物馆招待捐献人员。前排右起:徐森玉、刘晦之(右三)、潘达于、沈同樾,后排右起:罗伯昭、杨宽、蒋铁如(右五)、谭敬(右六)

在谈论旧上海的古玩业,不能不提及"卢吴公司",它不仅是上海的最大古玩公司,也是我国开办最早,经营时间最长与影响最大,向国外贩运珍贵文物最多的古玩公司。在民国时期,上海的"卢吴公司"是北京琉璃厂的最大的买主。"卢吴公司"成立于清宣统三年(1911),结束于1941年。太平洋战争时期,"卢吴公司"成立于清宣统三年,由江浙财团领衔人张静江牵头,湖州的卢芹斋、上海的吴启周、北平的大吉山房古玩店业主祝续斋与缪锡华四人合伙在沪创设"卢吴公司"，专做洋庄生意。民国七年后改"美国庄"，并在纽约设立分店。民国十五年（1926年），四人散伙，卢吴则继续保持合作关系，由北平辅聚斋古玩店经理王栋廷及吴的外甥叶叔重驻京进货。1941年"卢吴公司"解散。1952年，吴启周移居美国．原"卢吴公司"遗留上海的3 075件存货由叶叔重代为捐献上海市文物管理委员会。现在我们能在上海博物馆的大厅文物捐赠铭牌上看到叶叔重。这位素有上海五马路古玩街掌门人之称的古玩商，可惜于"文革"期间在青海劳改农场的牛车上摔下摔死。

1958年4月，五马路古玩市场公私合营为"上海市古玩市场"。再后来就更名为上海文物商店了。

* 上海文物商店座落在广东路上。广东路旧社会又称"五马路"，这里曾是与北京琉璃齐名的古玩市场

当今收藏寻宝市场

1978年10月，"上海市古玩市场"恢复对外开放，改名"上海文物商店"。1990年2月恢复内销文物。对普通百姓开放。它标志着新时期上海的古玩收藏市场的起步与兴起。

上海的国营文物单位，历来由"三驾马车"牵头，即"上海文物商店"、"朵云轩"与"上海友谊商店"，它们都拥有国家文物局颁发的许可证，允许经营清乾隆六十年以后的文物，这三家国家级的文物经营单位支撑起了上海滩的文物市场大梁。朵云轩坐落在南京东路山西路口，创立于1900年，是家百年老店，与北京著名的荣宝斋齐名，素有"北荣南朵"之说。上世纪50年代后期公私合营后，朵云轩专门设立了工厂，集中了经营各店所藏古代名家的真迹，为印制古代名画创造了有利条件，并形成了木刻水印复制历代名家书画的特色，其复制品达到几可乱真的程度：除书画外，该店还以兼售文房四宝著称。上海友谊商店原先只对外国来宾开放，系一个综合性的商场，古玩只是其中的一个项目，营业面积1 500余平方，以经营瓷器、玉器、铜器、杂项为主，在海外享有极高声誉。在上海滩上，经国家文物局批准的文物外销单位，还有福州路上的上海古籍书店（专营古籍、碑帖）和创新旧货商店、陕西旧货商店。

改革开放后，第一个形成规模的民间古玩市场是会稽路市场（当时被斥之非法文物市场）。它出现于1986年春。其实，在此前上海曾出现过多个半隐半现的古玩市场，如人民广场三角花园、西康路桥堍、大统路、打浦桥等。会稽路市场的形成，始于无证摊贩占路设摊，每逢周日集市，来势汹汹，迅速成市，有关部门联合进行突击取缔，但不久又"死灰复燃"。在反复取缔无效的情况下，地方政府部门审时度势，因势利导，于是，与会稽路一路之隔的卢湾区，批准设立了"浏河路旧工艺品市场"，经营模式

* 朵云轩的门楼,在南京路上独一帜,显示出它的百年老店的风范

以货亭为主。浏河路是一条小路，这里原是一个不成气候的花鸟市场，与它相交的另有一条大一点的马路叫"东台路"，所以，人们习惯将这里称为"东台路市场"，它成为改革开放后的第一条上海的"琉璃厂"，名扬海内外。会稽路所在的南市区，也模仿卢湾区在离会稽路不远的老城厢里，开辟了一条古玩街，它就是后来大名赫赫的"福佑路古玩市场"。与"东台路市场"，一样，这里原先也是一个市场，专营小商品，但不景气。"福佑路市场"形成于1989年夏，它以地摊为主，周六与周日集市．摊位最多时可达400余个，占据了福佑路周围的旧仓街、白衣街、长生街、高墩街、晏海弄数条小马路，声势浩大，人山人海，与北京"潘家园"齐名。至1999年底，"福佑路市场"被搬进了城隍庙"上海老街"上的"藏宝楼"。尽管它的规模远不如以前的"马路时代"，但这里依然是上海滩上古玩工艺品最

* 这就是藏宝楼,一个令中外寻宝人竞折腰的"圣地"

华宝楼,上海滩第一家室内古玩市场 *

主要的集散地。

继"福佑路市场"后，沪上的民间古玩市场蓬勃发展，产生了城隍庙"华宝楼"地下室古玩市场，当时是国内最大的室内古玩市场。后来，又产生了虹口区"多伦路文化名人一条街"、静安区"南京西路奇石古玩市场"、卢湾区"卢工邮市"、徐汇区"太原路市场"、"龙华旅游城"、卢湾区"泰康路市场"、南市区"上海老街"等。现在，有的还发展成为区域性经营特色，例如虹桥地区的明清古董家具市场，在这方圆十几公里内，经营面积在1000平方米以上的公司店铺，大约近百家之多，为国内之最。

* 多伦路文化名人街入口处，耸立了一座清水墙门楼，海派收藏的韵味便浓了起来

如今,在大上海寻觅古玩的地方,最具知名度的莫过于中福古玩城与云洲古玩城。前者坐落于上海文化街福州路上,该古玩城是沪上古玩业的后起之秀,开业于2006年3月28日,申城诸多有头有脸的古玩商都落户于此,所以,这里经营的古玩档次与层次,堪称申城一流。云洲古玩城,地处肇嘉浜路的大木桥上,它的历史较悠久,其前身为太原路街心邮币市场,2000年迁场入室,搬到现址。2005年5月28日,正式更名为古玩城,经营的规模也从原先的五六楼两层,扩展到整幢大厦,目前是沪上经营场地最大,入驻商家最多,经营品牌最多的古玩商厦。这两家古玩城除了各自的经营特长外,还有一个共同之处,这里都成为上海市收藏协会的收藏活动基地,非常注重开展各色活动,每月都有数场之多,经过媒体的宣传,吸引了不计其数的参观者,从而成为沪上收藏家的乐园。

* 上海滩最年轻的古玩市场——中福古玩城

* 鉴赏家王张友正向收藏爱好者讲解鉴定诀窍

目前，上海民间古玩艺术品市场的经营模式，大致为四类："市场店铺式"、"马路货亭式"、"室内地摊式"与"零散店号式"。

一、"市场店铺式"。模仿旧上海广东路"上海古玩市场"的方式，将市场分隔成若干小间，以租赁的方式，招纳古玩商贩进场经营。城隍庙华宝楼地下室古玩市场最早采用这种方式，在1 500余平方米的地下室，分隔出230余个商场店铺。经营者大多是"文革"后成长起来的"古玩"小老板．善于经营，货源广泛，信息灵通是他们的特长。

二、"马路货亭式"。此类经营以"东台路市场"为代表，次鳞栉比的玻璃货亭摆满了各色老古董。在购物的同时，更能领略景观的风味，到此兜游购货者，大多来自异域的老外，有旅游客，更有常驻本地的"上海

* 手中的景泰蓝，挂着的唐卡，撩起
  寻宝人的思绪

* 老外在沪上淘宝，也成为海派收藏
  一道靓丽的风景线

* 地摊是一道风景线，永远充满着吸引力

通"。本地的爱好者则不大光顾这里。据说，随着市政的改造及市容整顿，此类马路货亭式市场将"寿终正寝"。

三、"室内地摊式"。地摊式古玩旧货交易是最传统的古玩经营方式，也是最有生命力的市场形式。即使是在"文革"中，旧货地摊仍然存在着。现在，最大的室内地摊市场是"上海老街"上的"藏宝楼"，该楼四层，每逢周六、周日开放，千余平方的楼面，地摊可达200余个，摊主大多数来自全国各地，流动性大，经营品种五花八门，这是沪上最富有生机的寻宝之地，每逢集市，纷涌而来的寻宝者可达数万之多。这种地摊式市场，还有云洲古玩城，都是人潮涌动，热闹非凡。

四、"零散店号式"。这些店号，大多数都集中于老城隍庙附近。仅在上海老街从河南南路到三牌楼段，就坐落着36家各色古玩店铺，清一式的仿明清古建筑，飞檐翘角，花格雕栏，什么"汲古斋"、"贞观堂"、"醉石楼"、"珍宝馆"、"紫陶轩"、"锦久行"、"大观堂"等，令人望而生幽。这些店主大多来自外地，来自艺术品的产地，有着较厚实的功底，例如汲古斋的"老宁波花板"，其店主就来自于明清木雕的产地之一宁波，这位下海20余年的老宁波叫阮金荣，如今已73岁。别看他是一位善于经营的生意人，了解他的人更知道，他还是一个满腹学识的"老法师"，多年前，还在市工人文化宫举办了"明清花板"讲座，介绍东阳木雕与徽州木雕的区别，讲得头头是道，丝丝入扣，迷住了众多的上海收藏者。如今，"老宁波"已经作古，他的儿子继续经营者木雕花纹。

到市场上寻宝

上海是寻宝者的乐园，这是一种非常有刺激性与吸引性的玩意，在沪上的大大小小的古玩商场与商铺，甚至垃圾地摊上，常常会蹦出一个个故事，让你产生足够你回味一辈子的力量，请看以下故事：

故事一、在福佑路地摊时期，亦即1996年左右，有个冷摊上，在一堆毫不起眼的杂货中有一件黑不遛秋的东西，像牛角又不似牛角，表面没有一点工艺，偶尔有个逛摊的人，拿起了它又放下了它，看不懂地摇摇头，有点感觉的也拿不准，猜测它可能是一件青藏高原上的什么动物角。摊主也不知为何物，但他很精明，因为看不懂，就开了个自以为可以的高价1 000元人民币。这个价让想买的人都吓跑了。几个月后，来了个逛摊者，对此角有了兴趣，讨价还价以900元成交。此人也看不懂，没几天，他就转手卖了，得到了2 000元，很高兴。就是这么一个角？在三个月中七转八弯几经换手，最后被一位天津人捧走，他付出的代价是7万人民币。原来这是

* 街头的古玩摊，同样能赏心悦目

一件亚洲犀牛角，明代的老货，因为它没经过加工，是一件原角。所以人们就看不懂了。后来，又传来消息，天津人将那犀牛角以12万卖了。如果放在今天，那价位肯定后面又要加零了。

故事二，2001年秋，某日某时在某拍卖行举行一次杂件小拍，所谓小拍，即不起眼的小型拍卖会，没有图录，也没有宣传。拍卖结束，将近三分之一的东西没成交，也就是所谓"流拍"。其中有一件红木插屏钟，插屏钟又叫南京钟，是中国清代至民国时期的国产古钟。送拍者见没有拍掉，在家里放了几十年的坏钟（因走时系统坏了），也不愿意再拿回家，就好言委托拍卖行，找个合适的户头卖掉算了。拍卖行打了几个电话，前来的人一听是拍卖下来的剩货，就没有了兴趣，一个星期后，又约来了一位完全不懂古董钟的朋友，此人是读书人，看到此钟的外壳用红木做，上面雕花饰纹的挺有观赏价值，经讨价还价，以1 200元买下了那钟。捧回家后，老伴见化了一个月的工钱，买了一件坏钟，还挺不开心了一阵。那位读书人将它搞清楚了，原来这是一件清晚期苏州生产的大号双铃南京钟，其价在15 000元以上。

故事三，上海有着不少低档的旧货地摊市场，这些地摊市场大多无固定的营业场地，属自发形成的市场，常常遭到市容城管部门的冲击，因而往往像打游击一样。由于这些地摊市场的主体成分是收废品垃圾的，故有人唤之为"垃圾市场"。像中心城区的"会稽路市场"，苏州河边的"大洋桥市场"以及"大连路市场"。此类市场通常只有星期天才有。有人瞧不起这些"垃圾市场"，其实这是一种偏见。前几年的一个秋天，大洋桥市场出现了几麻袋废纸，摊主是串街走巷摇铃收废品的民工，他以斤论价上门收废品，识几个字，没啥文化，但他知道在废纸中有值几个钱的东西，所以他将收来的自以为有点年份的东西，就车到垃圾市场来寻找买家。这天他拉来几麻袋废纸，没白跑，卖了500元，这对他来说已够满足的了。结果，就是从这几麻袋里找到了几十封上世纪50年代后期至60年代初的书信，其名头足以让拍卖会门庭生辉，他们中间有梅兰芳、马连良、郭沫若、田汉、程砚秋、张君秋等。原来这些都是一个剧团的文史档案资料，也许是搬场，也许是转制，也许是大清理，它们被当作废纸卖给了收垃圾的了。

像上述的故事，如果搜集起来，完全可以编写一部寻宝"一千零一夜"。上海滩，真是寻宝者的乐园。

沪上的收藏家有着说不完的寻宝故事。他们的故事，显示出上海人的精明，也显示出海派收藏的特色。这些精明的收藏家，都曾下过苦功夫。

首先是知识积累。在十年八年前，由于市场没开放，信息闭塞，几乎可以说所有的普通市民对市场行情都不清楚，你觉悟得早东西就全归你啦。现在不行了，市场开放了，透明度大了，任何不懂行情的人只要跑三家古玩店，就可以知道行情的大致范围。所以，今天到市场上寻宝，完全是知识拼搏。你的知识面不广，就不可能寻到什么宝贝。古玩的知识，有两个方面，一是基本常识，另一是实践经验。这两方面的知识都要靠积累，决不能操之过急，它像练习写文章一样，处处留心皆学问。没有知识

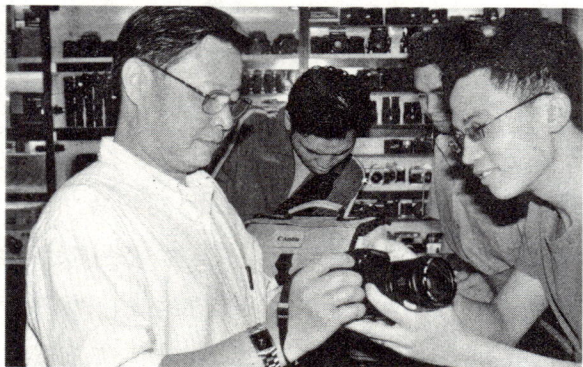

* 切磋交流，是觅宝人的一种乐趣

的积累，就不会有过硬的本领。没有过硬的本领，是寻不到宝的。

其次是有所侧重。收藏品市场包罗万象。既有古玩，又有现玩，既有传统艺术品，又有西洋舶来品。形形色色，令人眼花缭乱。一个成功的寻宝者不能将自己的有限精力与有限的财力瞄准所有的东西，如果你硬要这样，便会弄成"猪头肉三不精"。上海有个寻宝者叫姜奇，以前什么都收，但什么也不精，后来他专攻老剃须刀，没几年工夫就出了成果。

同样的成功经验也在上海另一位打火机收藏家陆联国身上印证了。现在，有些人总认为，好象只有瓷器、玉器、书画那样传统的艺术品才是宝，才值钱，其实不然，民国时期的老东西也是宝，也很值钱，大到家具、壁炉，小到香水瓶、板烟斗、留声机、电话机、放映机、打字机、自鸣钟、自来水笔、老烟盒、旧粉盒、废涅瓶、月份牌、老广告、明信片、商标纸、旧地图、旗袍、司的克、火油炉、电话簿、老车票，都有人津津乐道。据说一只上世纪40年代专销上海的可口可乐玻璃瓶，成交价在千元，一件再早一点的分体式电话机，其价可达6 000元。有的人将眼光注视到现玩，同样也可以聚宝。像金银币、地铁卡、纪念币、大铜章、印章石、奇石根雕、现代陶艺、各类艺术品，都可以成为寻宝者锁定的目标。

再次是持之以恒。寻宝有个最大的特征，那就是可遇不可求，遇到了就遇到，错过了也就错过。当上海人立志要当个寻宝人时，他就会树立起持之以恒的信念。沪上有位收藏紫砂壶的许四海，他曾在外地寻到一件清代名家邵大亨的紫砂壶，但缺了盖子，后来他在上海的古玩市场上觅到了。有的人说这是传奇式的巧合。其实这是持之以恒的必然结果，试想你不是孜孜不倦地追寻它，它会被你得到吗？持之以恒说是容易，其实很难。上海藏宝楼，每逢虞六、日有地摊，每到周六的凌晨四五点钟，寻宝者就从全市的四面八方赶来。开始在地摊上"捉"东西，年复一年，风雨无阻。寻宝者确实很苦，有位收藏家叫徐恒皋，10多年来，风雨无阻跑市场，有时一个星期天助动车的行程要在100公里以内。从藏宝楼到云洲古玩城，从文庙到大洋桥，还要兜个圈子到几个叫行的茶馆里坐坐。就是凭着这股锲而不舍的精神，搜寻到许多珍贵的收藏品。

再其次是广交朋友。现在是信息社会．谁最早获得市场信息，谁就能获得机会，到古玩市场上寻宝也是这样。这里所说广交朋友，包含两方面，一是收藏的同好，另一是市场生意人。从前者那里你可以获得市场动态信息，学到鉴赏知识，还可以交流经验体会。从后者那里可以获得货源信息，得到寻宝机会。在市场上寻宝，生意人朋友越多越好，但你也要看准人头，要寻找那些信誉好且又多货源的生意人交朋友。生意人再怎么讲信誉，他还是要有赚头，你与他们交朋友，不能一味斤斤计较，有时为了取得他对你的信赖，在无关紧要的事上放点利给他们，这样下次有货，他们肯定会想着你，给你留下，否则，你就不能建起良好的合作关系。一位收藏迷对笔者如是说。

人们常常形容在古玩收藏品市场深不见底，古今中外数千年积淀下来的文化遗存像大海一般浩瀚，面对着这个艺术大海，世界上没有一个鉴定家可以包打天下，也没有一个鉴定家没有"吃药"的经历，但关键是吃一亏要长十智。寻宝的人必须要具备良好的心理素质，作好"吃药"的准备。在旧时的古玩市场上，生意人买东西逢上"吃药"，回到家将东西或砸或藏，对外一概不言，否则传出去有损你的名声。旧时古玩业也有较严格的行规，卖出的东西一般不允退货，因为这个行业就是凭眼光凭本事吃饭。当然，也有双方约定的规矩，几天之内允许退货。一位资深的古玩老法师说在今天，古玩业还是有着自己的行惯，你要在寻宝觅宝上练就硬功夫，就不要怕"吃药"，不"吃药"是长不大的。精明的上海人牢牢记住，吃"小药"是为了今后不吃"大药"，甚至不"吃药"。

精明的上海人，信息灵通，具有超前意识。他们懂得藏品增值通常有

* 老外也来上海觅古玩

两个途径,一是"拣漏"增值,二是时间增值。在今天的古玩市场上"拣漏"增值的机会一天比一天少了。因为收藏者寻宝者的眼光随着文物知识的普及越来越好。同时古玩生意人的眼光也更加好起来,拣漏会变得越来越难。而时间增值的机会却越来越多,寻宝者要有超前意识。如何超前,不是什么东西都能随着时间的延伸而增值的,事实证明一般的大路货是不会升值的,只有那些精品、绝品,才会迅速增值。譬如以清代瓷器来讲,普通的民窑出品的瓶瓶罐罐,在近几年中有的不仅没有长价而且掉价,而那些民窑出产的精致的观赏瓷器价钱年年在增值。又以老红木家具为例,前几年的房间套头家具很行俏,一件大三联的红木大橱价达30 000多元,在今天也涨不了多少,而以前不见得有好价的客厅家具,涨幅都特别大,例如一对两椅一几的老红木太师椅最高价可叫到50—80万元也一抢而光,而在前几年最多也只有十万八万的。

学会流通,是提高寻宝含金量的重要过程,任何一位收藏家,他的财力、精力都有一定的限度,不可能无限制地寻宝。另一方面,收藏的过程,也应是提高层次与档次的过程,总是从较低层面走向较高的层面,这样势必就要吐故纳新,这个过程就是流通的过程。流通的过程有这么几个途径,一是与同好之间流通,这种流通可以是物物相换,也可以是作价转让。二是委托古玩店铺代销,你出个底价,赚头是人家的,也可以按卖价付手续费。三是跑拍卖行,委托拍卖行流通你多余的或者重复的古玩。四是下海经营,现在古玩市场上的不少经营者,以前都曾是寻宝人,后来感到吃进的东西太多了,干脆到古玩市场上租个店铺开店,将家里的东西卖掉点,同时在经营时,又可买进更好的东西,一举两得。

寻宝是门艺术,这种艺术孕育于寻寻觅觅之中。海派收藏,就是这么有魅力。

沪语中的古玩行话

古玩,作为一个特殊的行当,自古有它的行话。明朝董其昌写过一本《骨董十三说》,其实"骨董"就是一句行话,它源于江南的一种"骨董羹"。"骨董"为精华的意思。古玩业在各地的形成与发展中,产生了具有各地特色的行话,这些行话是供行业中人员使用的,外人很难听懂。现在随着古玩业的迅速扩大与收藏热的兴起,新的行话又不断出现,越来越丰富。究古玩行话的含义,大致可分三大类,一是暗语切口,二是技术用语,三是生意俗言。

上海真正意义上的古玩业，肇始于清咸丰年间，当时苏南宁、镇、常、苏一线的古玩商人及工艺匠人为避太平天国战火，纷纷逃往刚刚开埠的上海。这些初来乍到的古玩商人，来到上海后，在城隍庙的西侧侯家浜落脚，摆开了古玩地摊。尔后，古玩商人进入城隍庙的茶馆，据宣统元年的《上海指南》记载，古玩商集中在城隍庙的四美轩。进入民国后，随着上海的城市发展，城隍庙的古玩商北移，迁入英租界的五马路，即今广东路，做出轰轰烈烈市面，铸就了中国北有琉璃厂、南有五马路的犄角对立的古玩局面。

　　由于上海滩的古玩业的迅速发展，各地的古玩商纷纷被吸引过来。当然，古玩业的主体人员还是自来江苏、浙江，例如在民国时期中国最大的古玩公司卢吴公司，就是由浙江胡州籍人士卢芹斋与吴启周创办的。这些中国古玩界叱咤风云的古玩商，在上海滩大展身手的同时，也将各地的古玩行话带入上海，通过与本地文化的融合，形成了沪语古玩行话。这些古玩行话来自天南地北，例如"将收旧货古玩的"称为"挑天平"，来自浙东的三北地区；又例如将赝品称为"二先生"，源自江苏常锡一带。再例如将古玩市场上的不显眼的摊位谓之"冷摊"，来源于京津地区。但上海的古玩业行话的语素，还是以吴语为主流的。

　　古玩之所以会有行话，并流行不衰，究其根源，是因为这个行业的特殊性与隐秘性所决定的。许多东西在外人面前不能直言，也便于同行之间的交流与沟通。古玩行话，可谓五花八门，外人听来雾中云里，但它还是有规律可循的。一般来讲，古玩行话大约分成三大类，一类是交易行语，例如"开冲"、"捉漏"、"开门"等。另一类是鉴定术语，例如"包浆"、"生蜡"、"生坑"等。再一类是同道暗语，例如将走私古玩的称为"拖工"，将旧画画芯调换者叫着"套棺材"等。凡此种种，它们构建了古玩行话的生涩与神秘感。也为古玩这个行业增添了诱惑感。

现在，随着古玩市场的蓬勃发展，以沪语表述的古玩行业，不仅在上海地区流行，更波及长江三角洲地区，甚至在全国各地流传。同样，外来的行话也流入申城，为沪语古玩行话增添新的内容。

所谓沪语，不仅指出现于上海地区，也流行于苏南、皖南与浙东、浙北地区等。沪语古玩行话的特征，也是海派收藏的特色。

叫行　旧时古玩是在行会里交易的，交易时的价钱是随市叫喊出来的，是同行之间的买卖，后称这种买卖行为为"叫行"。同行之间买卖成交的价位，也就称"叫行价"。

落家　古玩生意行话。它相对于行家而言，泛指一般人家或市民，这些人是不做古玩生意的。落家系指他人，决不能自称。

埋地雷　指古玩生意人设圈套，预先将假、赝品乔装打扮掩盖起来，造成种种假象以迷惑人，最后让人受骗上当的欺诈行为。其语属贬义词，

＊清乾隆　牙雕六方花卉纹盖瓶

是指一种不道德的行为。

新家生　古玩鉴定用语。系指一切仿冒之赝品。"家生"本是器物的总称，南宋吴自牧《梦粱录》十三"诸色杂卖"云"家生动事，如桌、凳、凉床、杌子……""新家生"即新的器物。

施工　指那些专门从事秘密运输走私古玩的职业人员。此类人员所从事的工作，属一种违法行为。"施工"不是指某一个人，是指一类人。这些施工大多是黑道上的人，他们常常具有通天的本领，并以此获得暴利。

勒子价　指买卖的最高或最后的封顶价。如"迭只花瓶勒子价多少？"或"勒子价6块5角（650元）。"也可简称"勒子"，如"勒子多少。"此语来自麻将术语，系指一盘麻将中的封顶输赢额。上海人搓麻将时，以筹码计输赢，筹码统称为"子"。"勒子"，意为将钱额勒定在一定的数目里。"勒子价"的同义词，还有"煞根价。"

铲地皮　人们将古玩贩子挨家挨户上门收旧货的行为称为"铲地皮"，此语与"跑筒子"为同类词，但所指各有不同，"跑筒子"系指古玩贩子，但"铲地皮"却是指收旧货的行为，如要称人，则要称"铲地皮格"，意为收旧货的。

坑子货　泛指卖不出去的积压货物。此语形成于上世纪80年代，人们对那些积压卖不掉的商品，嗤之"坑子货"，或者干脆叫"坑子"。造成坑子货的人，应绝大部分多指古玩生意商家，一般藏家不这么称，但一旦藏家下海，即会说："开爿小店。出掉点坑子货。"沪语中的坑子货，意近垃圾货。

老充头　沪语"老充头"的中"充"，义为冒充、充当、充假之意。"老"是一种形容词，而"头"则是沪语中的一个常用的语助字，例如敲榔头、扒散头、药罐头、讲斤头、发条头等。被称之为"老充头"的古玩，一般都具有较高的欺骗性，作假乱真程度高，也包含历史上的造假赝品，如"迭件东

西是民国辰光的老充头。"

炸药包 在古玩生意场上，人们将某些造假程度极高的赝品，比喻为"炸药包"。能被称得上为"炸药包"的东西，除造假造得好外，还必须具有埋伏的巧妙的环境，通常选择的埋伏点在大有历史渊源的乡村，或者是有来头的世贵后代。同义的有"埋地雷"一词，所不同的是"埋地雷"是种行径。而"炸药包"则是指物品。

吃药 即受骗上当。将走眼上当称之为"吃药"，非常形象，因为药是苦的，上当的滋味就像吃药一样。而药又能治病，有素养的收藏家，就是从"吃药"中成熟起来的。

当账 泛指物等价交换的一种形式，大多为业内人士所为。"当账"的"当"是对等的意思，如成语"旗鼓相当"当账就是账项对等的交易。

搬砖头 指不花本钱搬弄他人的古玩器物捐卖，是做生意的一种经营手段。这种人常常依仗自己信息灵通，渠道广泛，可以不花本钱，无投资而从交易中获利。用"砖头"来形容古玩器物，无非是想隐蔽一点。

掮做 指掮着别人的货物去兜生意。此语从沪语"掮客"引申而来，有时亦简称一个"掮"字，如"让我掮一掮"，"他要掮我这种货"。虽说"掮做"与"搬砖头"都是利用他人的东西做生意，但"搬砖头"是有了买家后的行为，而"掮做"往往是拿着货兜揽买家，掮不掉可以退还。

下出笼 泛指利用他人的生意而偷偷摸摸地私下交易的行为。完全是一种贬义词，例如"伊下出笼"，"专门下出笼"。古玩行当的弊端诸多，而"下出笼"是其中重要的一条，这种行当常常遭到谴责。

敲锣头 系指古玩生意人在叫行时硬碰硬地交易。如说："这件瓷器是敲锣头下来咯"，有时也简称一下"敲"字，如说："格件铜器是阿拉敲下来咯"。用"敲锣头"来说明某桩生意，无非是显示扎实、牢靠，说的人常常会流露出一种得意的神态。

偷冷饭 "偷冷饭"与"下出笼"有同义，但又有区别。它常常说的是老板手下人所为，具有瞒天过海的含义，为贬义词。"偷冷饭"是一种古玩行业的不良习气，因而会被人们谴责。"偷冷饭"常谓他人所作所为，而绝无以此自诩的。近年来，其他行业也有使用此词语的。

包浆 泛指岁月存留在古玩器物表面的一层包裹物。器物由于外界条件差异而具有各种不同的包浆，例如老红木家具的玻璃包浆，青铜器的黑漆包浆。因为包浆是天长日久形成的，所以它是鉴定古玩重要标准之一。

工手 表示匠人制作工艺品时的功夫。谓之"工手"，很可能是"工匠的手艺"的简称。被使用于"工手"的对象，大多是工艺性较强的艺术品，如紫砂、竹木牙雕、金属器物。而对纯艺术品的书画就不能使用。

扒散头 多指对残损残缺的工艺品进行整修，或者是为了遮人眼目的修补。有人称此为"爬山头",意不通。"扒散头"有把散了的东西扒起来的含义。"扒散头"在古玩行业中带有一种贬义,它与"修复"不同,修复是公开性的,而"扒散头"则常常是隐蔽的,为的是蒙人。

妖气　泛指后仿品和作伪品,为了做旧而残留下的色、泽、光。这种人为的假象,往往具有很大的迷惑性。故称为"妖气"。妖邪手法的狡诈,常常会让人上当受骗。

品相　指品质与外相,泛指收藏品的外观工艺和内在质量的优劣程度,尤其是那些具有一定年份的器物。如称全品相、品相一般、品相一塌糊涂等。品相是构成古玩价值的重要因素之一。

生蜡　多指完整无损完好如初的收藏品。究"蜡"字的含义,可引申为光亮、光辉,"生蜡"就是生辉。该语是典型的沪语,同类词如"克蜡"。

* 上世纪40年代美国制造的带手摇计算机的收银器(郭纯享收藏)

75

拾漏　指拣拾别人漏掉的东西,而且是指好东西。拾漏是可遇不可求的。也可称"拣漏"。

妖怪　指具有一定迷惑力的赝品,也指某些改头换面的作伪品。人们在使用时,常说"这件东西是妖怪"。有时更干脆,只用一个"妖"字。

皮壳　旧时古玩行当里的人,将家具、竹、木、牙雕、紫砂、核雕等古器上的具有一层玻璃质感的包浆,称为"皮壳"。顾名思义,称之为"皮壳"的包浆,是一种较厚的包浆,但有些古玩不称"皮壳",例如瓷器、绣品、古籍版本、珠宝等。

至尊　指正宗的古玩,有可靠的意思。使用起来,常说"东西绝对至尊。"或者也可以说"侬这件古玩不至尊","至尊"是"大兴"的反义词。此语来自骰戏的"至尊宝",它指骰戏中最大的牌色。此语不仅古玩行当用,其他行业也用,也常见于上海社会流行语中。

打闷包　称不准开封检验的买卖为"打闷包",有时也指没有看到东西而交易的行为。据说此语原流行于上海地区的民间,源于打花会赌博的"打闷包"。此语现在沪上其他行当也有使用。

跑筒子　人们将穿街走巷收旧货者称之为"跑筒子",有时也简称"筒子"。"跑筒子"系借用语,旧社会唱道情者走街穿巷敲打竹筒卖唱称"跑筒子",而收旧货者与比很相似,故移用。

拾皮夹子　意即捡漏。"皮夹子"是装钱的,使用起来极富变化,如"拾到一只皮夹子"(捡了一个漏),"这只皮夹子拾得结棍"(好大好多)等等。

翘边　又作撬边,缲边,北方话称为"托儿"。卖主为推销古玩雇佣他人装样帮腔乃至行骗的行为,如"当心旁边人翘边","侬翘啥格边?"等,在沪上广泛流行,也用于其他行业。

宝大祥　笃定保赚钱的意思。如"这笔生意宝大祥","宝大祥的生意,怕啥!","宝大祥"是"保得洋"的谐音,因"宝大祥"是上海滩上家喻

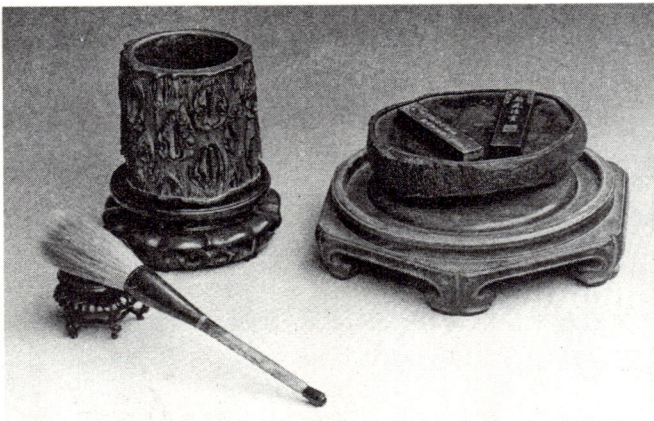

户晓的老商号，故以此借用。此语起源于改革开放后小商小贩，后流行于古玩行业。

件品　泛指古玩器物的品位与器相。它还包括古玩的艺术内涵，人们将观赏性、艺术性强的器物，称之为"件品好"。

冷摊　人们将古玩市场中很冷僻、冷落的地摊称为"冷摊"。冷摊同"坐庄"一样，都是由北方传入上海的，其历史也较久。但人们在使用时口语不多，大多用于书面语。

坐庄　"庄"指店铺，与洋庄、本庄同意思。所谓"坐庄"，就是指坐在店铺里做生意。此语解放前由北方传入上海滩，旧社会用的较多，现在多是上了年纪的人使用。

捉蟑螂　投机钻空子的行为称为"捉蟑螂"，贬义，如说"勿要捉我蟑螂"。这是近年来新出现的古玩行话，比较形象，也较常用。

卖漏　价钱没有卖到位。这里的"漏"，与捡漏的"漏"同一含义。古玩商使用此语时，伸缩性很大，比如值1000元的东西，卖950元是"漏"，卖300元也是"漏"。

大卡　"大卡"是抵档甚至伪劣的意思，也是近年来新创造的流行语，不过它最早出于服装行业。改革初期，人们将那些用大卡车运来的粗制滥造服装称为"大卡货"，即非正宗的商品，后来简称为"大卡"。

药罐头　泛指有问题或者是伪劣的物品，近年来新流行的古玩行话。使用起来往往对某件古玩直呼："迭只药罐头"，或干脆说"药罐头"。此词是从"吃药"引中来的，刻画受骗的苦相。

枪手　指做国内外旅游者书画生意，而以斩客为主要目的的卖主，因书画卷起来像枪筒，用它去斩客，就成了"枪手"。这是改革开放以后的新行话。

挑天平　即收旧货。旧时沪上穿街走巷收购旧货的，通常挑着一副担子，两头各系一个箩筐，其形象宛如天平，故称。此语在浙江三北地区也有流行。

水货　即由水上过来的货色，泛指海外走私入境的东西口在古玩行业中，通常是指珠宝、翡翠、钻石、黄金制品、名表、金银币、古董钟等。"水货"与"地货"一样，是全国流行的一种行话。

地货　暗示地下的货色，指出土的文物古玩。因私自挖掘地下文物是一种违法活动，为掩人耳目，以"地货"代称。

卖野人头　上海人将空话、假话、行骗或商业上买空卖空的行为称"卖野人头"。据沪上地方史专家薛理勇先生考证，"卖野人头"原为上世纪初犹太人在沪搞的一种类似"西洋镜"的游艺，有虚幻魔术障眼等特点。使用时也会讲："买卖野人头"。

开冲　即"开秤"的意思，是指头一笔生意。如"今朝开冲了"或"几天没开冲"。此语在沪上不仅古玩行业，其他行业也在使用。

肉刀　系指一种厚利、丰利的古玩生意，它与"剥皮""挨斩"反义，类同"拾皮夹子"，多用于买进者。能吃"肉刀"者，通常是具有一定眼光的人，他们善于不动声色，从普通货中觅得不普通的东西，然而付的却是普通货的钱。使用起来常说"吃肉刀"或"迭刀肉刀,不要太适意"。

剥皮 指微利的古玩生意。用"剥皮"来代替微利,十分形象,因为皮较之于肉总是占很小的比例,如"略知皮毛"。使用时,可以说"迭是剥皮生意",也可以讲"剥层皮"。"剥皮"也要凭眼光。

叉 古玩生意中买进卖出的行为,如"叉给伊"(卖给他),"叉牢伊"(盯紧卖给他。)"叉"原为上海人调侃他人的用语,比如"叉叉伊"、"丫叉头"、"叉竹头"。古玩行的"叉"由此引申而来。

火气 指赝品、作伪品表面的浮光与新泽,常用于陶瓷器、青铜器、书画等,主要与"包浆"相对而言。"火气"与"妖气"属同一类用语,但它们之间也有区别,"火气"是赝品本身存在的,而"妖气"则是经过作假后的光泽。

本庄 表示以经营本国本士的生意为主。这里的"庄"与钱庄的"庄"意义一样。"本庄"的经营项目大多是工艺品类的古玩,有的不能用

* 清代 外销银茶具一组

此称谓，比如书画等。此行话南北通用。

洋庄 与"本庄"相对，专指做外国人生意的古玩商店。"洋庄"一词起源于上海滩，19世纪末，上海渐成国际大都市，于是从传统的古玩经营模式中派生出专做外国人生意的店号。后此类店号聚集五马路(今广东路)，遂形成沪上古玩经营一大特色。现在，仍有人使用此词语。旧时，在洋庄中又分东洋庄、西洋庄。

套棺材 做古旧字画生意人的用语，暗指利用老的裱头而偷换上做假的画芯的书画赝品。

二先生 "二先生"的"二"读"念"。暗寓赝假之品，系指不是真物的意思。

经久不衰的古典家具收藏热

收藏红木家具，也是海派收藏的特色，在这座城市，红木家具是一种财富，是一种身份体现。

中国的家具历史悠久，据出土实物考证可追溯到商代，上世纪60年代，在河南安阳大司空村商代墓出土了一件石俎，所谓"俎"就是古代祭祀时盛供牛羊的几案。但作为艺术品投资热中的中国古典家具，实际是指明清两代的木器家具。

提起明清家具的收藏，它的历史同样也很悠久，据《天水冰山录》记载，"贵极人臣，富甲天下"的严嵩，在获罪后遭到抄家，仅在其子严世蕃家中就抄出家具多达8 490件，其中几、架、案、屏、凳、桌、椅，一直到橱、榻、床，无所不有，从这个角度来看，可以说庞大的严府就是一个家具收藏的"博物馆"。据传18世纪时英国有个叫齐彭代尔的家具设计大师，他在收

藏中国家具的基础上，以明式家具款式为英国皇家设计了一套宫廷家具，引起了轰动，并引发了欧洲最早的中国古典家具收藏活动。

　　真正意义上的家具收藏热，是在上世纪二三十年代开始的，最早对此引起兴趣的是欧洲人。民国时期，有位北京琉璃厂古董商赵汝珍写了一本《古玩指南》，他在书中写道："欧美人士之重视紫檀，较吾国尤甚，以为紫檀绝无大木，仅可为小巧器物。拿破仑墓前，有五寸长紫檀棺椁模型，参观者无不惊慕。及至西洋人来北京后，见有种种大式器物，始知紫檀之精华尽聚于北京，遂多方收买运送回国。现在欧美之紫檀器物，皆出北京运去者。"当时，欧美人士不仅到处搜集中国的古典家具，而且还注以极大的热情给予研究。有位名叫艾克的德国人久居中国北京，迷上中国明式家具，他通过多年的搜集、整理与研究，于1944年出版了《中国花梨家具图考》，这是第一部外国人收藏中国古典家具的专著。

在艾克先生潜心研究中国明式家具的时候，我们的一些专家学者也将研究的眼光投向了古典家具，最有影响力的是著名的建筑学家梁思成先生，由他主事的中国营造学社曾对我国的明清家具作过有史以来最详细的调查研究，为后来的中国明清家具收藏打下了基础。梁思成先生还将明代的花梨木定名为"黄花梨"，其名沿用至今。1942年时，《北京大学论文集》曾编辑出刊过一本油印专集《中国明代室内装饰与家具》，较完整地阐述了明代家具。国人收藏明清家具，大多是那些传统文化较浓的并有一定实力的人士，例如北京故宫博物院的著名的古文物专家朱家晋先生的父亲翼庵先生，就是一位有名的家具收藏家。据朱老的回忆，他父亲是在40岁以后开始搜集古家具的，数年间便聚集众多，其中包括十分珍贵的清乾隆年间的黄花梨与紫檀家具。这些古家具都是从北京四大街荣兴祥和蕴宝斋两家古玩店觅到的，这中间不乏国宝级极品，如一件明代的黄花梨嵌楠木瘿宝座，是从盘山行宫静寄山庄流散出来的，再如一件紫檀卷背嵌玉卷足大椅，是民国初年从承德避暑山庄散失民间的精品。翼庵先生在《介祉堂书画器物目录》登记的明清家具共55套，达79件。朱家在解放后于1954年、1976年先后两次遵父母的遗嘱，将家藏的古家具捐赠给故宫博物院、中国社会科学院、承德避暑山庄和浙江省博物馆，显示出老一辈收藏家的高风亮节。

当再次形成明清家具收藏热的时候，已是中国改革开放后的20世纪80年代初，这也是国人真正认识到中国古典家具价值的时候。

诱发这场明清家具收藏热是从古典家具走私开始的。当时，境外明清家具收藏迅速兴起，由于信息滞后及经济贫乏，国内人士并未对明清家具引起正视，当时在古家具市场流通渠道居主体地位的，是一些所谓的

"旧货鬼"，他们是一些业余时间跑旧货商店买进卖出的二道贩子，对古典家具并无研究，只是为了赚点外快钱。而在市场方面，随着政策的落实而归还的抄家物品非常丰富。境外的买主抓住了这个千载难得的机会，通过各种渠道，收购明清高档家具，尤以黄花梨与紫檀木首当其冲。由此，形成了一股古典家具走私热。据一曾经干过此道的旧家具贩子告知，20世纪80年代中期，他从京津地区以2 000元至3 000元收购一对明式的"四出头"黄花梨官帽椅，转手到广州卸货，它就成了6 000元一对了，其中的赚头，足足可抵普通工人3年薪水。在经济利润的驱使下，明清古家具源源不断流向国外。到今天，像上述小贩所卖掉的一对椅子，其价都要在百万元以上。

　　明清家具的走私流失，迅速地刺激着国内古典家具收藏的兴起。提

＊古玩店一瞥

起这场古家具收藏热，有一位文物专家功不可没，他就是刚刚仙逝的北京的王世襄老先生，王老毕生致力于明清家具的收藏与研究，1985年由他编著的《明式家具珍赏》在香港三联书店正式出版，这是我国第一部系统介绍古典家具的大型图书，正是这本巨著的问世，才让全世界真正了解与认识到中国古典家具的文物与艺术价值。由于该书的权威性，国内收藏家具的爱好者几乎人手一册。

在明清家具收藏热中，京沪两地的收藏家领国内之先。1989年初，北京率先成立了新中国第一个家具收藏及学术研究团体中国古典家具研究会，这个充满热忱的民间组织由著名文物专家领衔，集聚了北京地区20多位古家具收藏家。1993年6月，上海收藏欣赏联谊会在素有"民间收藏第一馆"之称的三山会馆举办了我国内地第一次民间古典家具收藏展"中国古董家具展"，共展示了10多位藏家提供的200多件明清家具，引起了强烈的社会轰动，最远的参观者来自美国。

在民间收藏古典家具热潮兴起的同时，上海博物馆开设出国内第一个古代家具陈列馆，集中展示了明清两代的精品家具，从黄花梨到紫檀，从苏式到广式，精美绝伦，宛如一卷中国明清家具的史画，从而将中国古典家具的收藏推上了新的高潮。

如今，当你漫步在上海的街头，只要稍作留意，你就会发现，散落着许多专售旧红木家具的店铺，门面不大，却很能吸人眼球。上海人，有一种特殊的红木情结。

典当行有宝可"淘"

上海滩的当铺，早已一扫当年的阴森，变得越来越亮丽，它已成为淘宝者的福地。

有这么一个传说。

江南第一才子唐伯虎为捉弄当铺里刁钻的朝奉先生，在中秋携带一幅自己的画来到当铺，摊开画轴是幅"中秋夜饮图"：皓月当空，松树下有两长者对饮。朝奉先生不认识唐伯虎，但识得唐伯虎的画，很快给当了。唐伯虎到时没有来赎当，朝奉见了很是高兴，名画绝当了，可发了一笔大财。数月后的月初，唐伯虎再次来到当铺，这次他乔装打扮了一阵，果然朝奉先生没认出他来。唐伯虎问有没有绝当的名画可卖，朝奉先生知道来了大买家了，马上捧出"中秋夜饮图"。唐伯虎打开画一看，笑道这是假画，朝奉不信，唐告知，既然是画中秋之夜，怎么会空中没月亮，朝奉一看，果然不见明月，一时丈二和尚摸不着头脑，悔恨自己当初看走了眼。结果，赔本将"中秋夜饮图"卖给了唐伯虎。原来，唐伯虎在画此画时施了灵气，画中的月亮会随真月亮一样变化，他送画时是中秋，画中月亮圆又大，他来买画时是月头，月亮自然不见了。

传说归传说，在上海滩，现实生活中就有一些老法师常到典当行里去淘绝当品，还真的淘了不少宝贝。80多岁的老陈，是个地道的钟表收藏家，他的第一件藏品———块上世纪40年代的欧米茄手表，就是从老城厢的一家当铺买来的绝当品，当时他年轻气盛，戴了这只防水表到新成游泳池游泳，出足了风头，事隔半个多世纪后，老陈提起这件往事时，还会眉飞色舞。就是这样"淘"绝当的钟表，使他走上了收藏之路，并成为沪上著名的钟表收藏家，谢晋拍《鸦片战争》与孙道临拍《孙中山大总统》电影时，那些精美绝伦的古董钟表，就来自老陈的家中。

典当，旧称当铺或当店，是个古老而神秘的行业。"典当"一词最早见诸于南朝宋·范晔撰写的《后汉书·刘虞传》："虞所赉赏，典当胡夷，瓒数抄夺之。"清人郝懿行在注释"典行"时说："俗以衣物质钱谓之当，盖自东汉已然。"由此可见,典当业早在东汉时就已出现了。

绵延千年的典当,在1956年初的公私合营中,彻底在中国内地绝迹。斗转星移,沧海桑田,至上世纪80年代末期,中断30余年的典当复苏,1987年12月,四川省成都市出现了"华茂典当服务商行",率先恢复了古老的典当业,翌年,紧跟其上的有辽宁、山西、广东、福建、吉林、贵州、浙江及上海。1988年秋,上海改革开放后的第一家典当行问世,它就是上海恒源典当行,由虹口区商业服务公司组建,从此在上海滩绝迹30多年的当铺,梅开二度,重新登上了历史舞台。经过了10多年的发展,上海的典当正以蓬勃之势发展,2002年经国家经贸会批准成立9家,2003年又批了10余家,现在上海共有典当行百余家。如今典当行的当物也发生了巨大的变化,前几年的"三大件"是服装、家电和寻呼机。"现在,这些东西都已成

* 清代老城厢典当行

THE MONEY CHANGER, SHANGHAI
小两钱居（所名海上）

为日常物品,也不值钱了,呒啥人来当了。"某典当行老总告诉笔者,如今的民品当物的新"三大件"是金银首饰、钟表与钻戒。古董书画也正悄悄崛起,只是典当行缺乏把关的老法师。

按照典当行的惯例,总有相当一批物品要绝当,根据国家《典当行管理办法》的规定,绝当物品估价金额超过3万元的须委托拍卖行公开拍卖,而金额不足3万元的则可以自行变卖或者折价处理,而在这类绝当物品中大多为金银首饰、钻石.戒指、名表、照相机、古玩字画及各类艺术品,于是有了绝当专卖的柜台,定期处理绝当物品。现在典当行的估价,除黄金外,通常都在物品的市场流通价的50%上下,有的变现功能差一点,只有30%。典当行在"绝当"销售时,一般只在当金的基础上加税率及少量利润,于是就给购买者留下了较大的差价空间,何况诸如首饰、珠宝与古玩之类的物品,只要不出现损坏,根本不影响其价值。

精明的淘宝者瞄准了绝当专卖柜台,这些淘宝者消息灵通,时间一久,与典当专卖柜台的关系搞熟了,人家还会主动提供信息。有位姓黄的淘宝者说,典当行绝当物品,有一定的可靠性,因为当店有专业人员把关,收当都十分谨慎,贵重的物品,还要有发票与质保书,技术与艺术含量高的钻石、古董、字画与艺术品都有经验丰富的老法师严格鉴定审查,这叫作"借眼睛。"这位姓黄的淘宝者撩起衣襟,拿起一块系在皮带上的玉牌,这是一块滋润剔透的清代白玉牌子,双面工,雕琢精致。他得意洋洋地说,在典当行里淘来时只有4 000元,现在有位朋友肯出价20 000元了。他还有更大的得意:一对清光绪的青花开光粉彩花瓶只花了800元钱,狠狠地捉一次典当行的漏。

由于缺乏过硬的古玩鉴定师,经营古董字画的典当目前还不多,但经营钻石、名表、照相机、名笔、手提电脑等贵重物品,几乎是所有典当行的业务范畴,所以到典当行来淘此类宝贝的人特别多,有的是偶然需要的,

* 典当行老师傅正在为寻宝人鉴定

还有的形成专业户。有位淘名表的先生姓张，他的眼光专门盯牢典当行的劳力士、欧米茄手表，全新的不要，专检上世纪五六十年代的产品，因那段时间的冒仿假品较少，在人们的心目中的认知度也高。张先生目前已收藏了数十块从典当行淘来的欧米茄与劳力士手表，有的甚至是到澳门寻觅到的。张先生告诉笔者，他搜藏这些表没花什么价钱，好多表都给他流通掉了，这是赚头，这叫以收藏养收藏。

逛旧货店有乐趣

对于生长或生活在上海滩的人来讲，恐怕没有不知道旧货店的。旧货店是社会物质流通领域中的一个链节，人们需要它。对它情有独钟，尤

* 淮海路上的创新旧货店,一个曾经风靡上海滩的寻宝乐园

其是，逛旧货店是以精明著称的上海人的人生一大乐趣。

旧货店的历史应该是非常悠久。富人所淘汰的物品，通过旧货店铺转化为穷人的需求资源。到后来，旧货店可经营的东西也并非都是简单的由富至穷的模式，富人与富人之间，穷人与穷人之间，也需要旧货店的调节，前者就演变成旧货店第一大宗生意，即古玩艺术品与高档的舶来品（如西洋瓷器、照相机、钟表、留声机等）。后者就演变成生活各类物品（如衣服、旧家具、日用品等）。这种基本的格局，至今依然。上海人所热衷的逛旧货店就是针对前者的。

在逛旧货店的人群中，有一族特别活跃又十分老到，这便是世道所称的"老克腊"。在上世纪60年代前期，有被称为"老克腊"的人，年纪也不过只有三四十岁。现在回过头来，当年的"老克腊"往往具有这样的特性，生活水平达到小康，衣着装扮较讲究且时尚，崇尚外来文化，懂得点洋文知识，社交圈子较广泛，追求怀旧的情调。基于上述特征，旧货店，尤其是"上只角"的旧货店就成了他们必去之处，例如在淮海西路、襄阳路、常熟路、长乐路一带的旧货店，"老克腊"的身影就出没其中，他们所觅对象范围很广，从钟表、照相机、自来水笔、各色茶具、酒器、皮革直到西洋瓷器摆件、西洋乐器、留声机、唱片、玻璃车料、眼镜、烟具、家具等。久而久之就成了一个收藏者。如沪上著名的篆刻书画家陈巨来先生，就从旧货店淘来各色打火机，终身乐此不疲。

与专泡上只角旧货店的"老克腊"相对应，还有一类专门以收本土文化艺术品的一族，人们送了他们一个雅号"旧货鬼"，这个"鬼"字与"老克腊"的"老"字一样，是寓意精明之意。那些"旧货鬼"也有其共同的特征，大多为上班族，初衷是为了改善家庭条件，所觅之物以老家具、旧瓷器、古董钟为主，偶尔也做点"搬砖头"买卖，即买下甲店的东西又到乙店去卖掉，赚点钱以补资金不足。这些人头脑精明，文化并不高，但是信息十分灵通。这一类"旧货鬼"大多是"文革"后出现的，客观的原因是当时的国营旧货店里的各种抄家物资货源充足，而且价位很低廉，普通百姓有能力接受，以老红木家具为例，在1970年前后，旧货店的最好红木大衣橱不会超过400元，五斗橱在100至200左右，一张麻将台只不过60至80元，一对靠背椅只有25元上下。而那些并不实用的东西，价钱低得令人不可思议，如有位工人，在1972年时以每只平均不会超过2元的代价，买下了200多个老红木座子，其中还有紫檀、黄花梨的，到了1992年，他要搬家，以平均200元一只的价钱卖掉，20年间涨了100倍，现在来看，他又卖贱了，如今上品的紫檀座子，其价可达数千元以上。"旧货鬼"跑长了，也扒了点分，眼光就会转向那些搁在玻璃货机上的老古董，例如有个"旧货鬼"，在当时以200元买下了一件清雍正年间的粉彩花瓶，他看中的是瓶底下年号款，还有一个原配的红木座子，不久前，他将此花瓶送到拍卖行，换回40多万人民币。

随着时代的前进，上海的旧货行业发生了世大的变化，原先星如棋布的国营旧货商店，在改革开放的大潮中，迅速萎缩，曾经在淮海路与南京路称雄一时的"淮国旧"与"协群"等，都退居到他路上去了，且风光大不相同了，还有更多的则销声匿迹了。有的虽盛名还在，但骨子里却越来越空虚了。

近几年，也是随着改革开放的大潮，一大批新颖的旧货店像雨后春笋一般涌现在大上海的四方八角。这些旧货店，并不像以前的国营旧货店大而全，而是小而精，并纷纷转向了旧工艺品与艺术品的方向，有的是老红木家具，有的是照相机、钟表，有的是古玩，有的是西洋摆件，这些店铺大多开设在卢湾、静安、徐汇等区域内，灵活机动，也很有经营特色，成为如今上海滩民间收藏觅宝的好去处。

这些以个体为主体的旧货店，名称有的叫旧货店，有的称寄售店，还有的冠以调剂商店，为了能树立起自己的形象，不少都有一个十分雅致的堂号，例如某某轩、某某斋、某某堂等。

这些旧货店的经营时常会爆出让上海收藏界为之惊异的消息。在徐汇区的家旧货店里，曾爆出这么条新闻，某旧货店于某日来了位"跑筒子"，从包里取出方老印章，高约10公分，6公分见方，上面刻着印方及密密麻麻的边款。所谓"跑筒子"就是穿街走巷收旧货的，这方印章是他从一个门户老妪处收到的，买下价为500元。"跑筒子"不识古玩奥妙，只晓得是有了年纪的老东西，他向旧货店老板要价5 000元，结果老板给了"跑筒子"3 000元。老板买下老印章，但他不识其身价，反正做旧货的有加价的习惯，他将老印章以3万元卖给一位淘旧货的老顾客，这位仁兄有点古玩经验，辨定它是田黄。结果，经几位行家证实确实是一块田黄印章，他

乐了，以12万元卖给东台路一位古玩商。这位古玩商连夜将印章给另外一位同行，捧回了25万元，一转手赚了13万元。一个月后，又传来消息，那位古玩同行将田黄印章出手了，卖价达到了100万元。消息让前面的人瞠目结舌。为何会有100万的高价？原来由于田黄的珍稀，清代就有一两田黄六两黄金之说，现代就更珍贵了，故而一般田黄印章都是天然随形的，原来啥模样就是啥模样，舍不得切割掉，而这方老印章高10公分，边长6公分，切得方方正正，这该是何等的珍品！更为重要的是这方印章出自清代浙派篆刻家赵之谦之手，赵在章边留下了边款，共70余字，名石加名家再加名作，100万元算什么？以当前艺术品拍卖行情看，将它追捧到500万元，不成问题。

与上述的艺术品，旧工艺品类旧货店相对应，还有另一类旧货商店，即卖低档生活用品，甚至垃圾货的旧货市场。此类市场常常被人不屑一顾，大多是地摊式的，例如交通路的大洋桥、大连路飞虹路、中华路会稽路、光复西路恒丰路桥堍等垃圾旧货市场。来此经营者大多是外地人，很脏很累也很苦。都是破旧家具、废纸旧报、五金零件、旧生活用品、废旧料作等。

粗一看，这些垃圾市场不能与什么堂什么轩的旧货相比较，其实，在这里同样有宝可觅，只是比前者更艰难。这些旧货市场的业主常常是那些拖着劳动车摇着铃，长年累月走街串巷，说到底是以收破烂为生的。但就在这些貌似废旧生活垃圾中，常常隐藏着宝贝疙瘩，这些物品因岁月的沧桑与历史的变迁，被人们遗忘了，扔在墙壁旮旯里，家庭中有，企事业单位里有，社会团体机构里有。平时，可能谁也不会去顾及它，随着城市的大拆大建与企事业单位的转停并，那些宝贝之物就会随着垃圾一起清扫出门，而来接收垃圾物品处理的则是那些收破烂的。时间一久，这些收破烂的也有了经验，什么是真正的垃圾，什么东西还能值几个钱，他们进行初筛，然后集中到垃圾市场上去兜售，有一位从河南来的收破烂人，在上海没几年，就在家乡盖起了楼房，据其说，他还属一般，有的已在上海买上了商品房，成了新上海人。

垃圾堆里究竟有什么宝贝呢？请看下面的故事。

某日，某人在会稽路市场觅到几支上世纪二三十年代的派克、犀飞利美国老牌金笔，每支平均5元，但现在的市场价，哪支都在四五百元以上，有的甚至数千元。

某日，某人在苏州路亘丰路桥堍下，从成堆的破烂老式家具中，拣出一件满身油腻污垢的小橱，只花了32元钱，回家后，用碱水反反复复擦洗干净后，庐山真面目露出来了，那清晰雅致的木质纹肌告诉人们，这是一件明代的黄花梨家具，其价怎么也在50万元以上。

某日，某小贩交通路大洋桥旧货市场拖回了三满袋废纸，每袋1 000元钱。卖旧货的只告诉他，自己是300元一袋从拉车收破烂收来的。那小贩将东西拖回家，连夜挑灯夜战，将发霉腥味的废纸整理清楚，其中的纸质物品五花八门，时间跨度从上世纪50年代初到70年代，这是一个有名的剧团的处理物，有历年的各种表格，有文史资料档案，有剧本草稿，有各种总结资料，最重要也是最耀眼的是两百余封名人往来的信函，其中有着郭沫若、梅兰芳、田汉、夏衍、马连良、金少山、张君秋等大名家，随便挑一封都价值几千元啊！

垃圾旧货市场，不可小视！这就是海派收藏的新闻。

购房热引出画廊热

画廊，是上海滩的一道风景线。据说目前在上海滩的大大小小画廊总数不下千家，成为一种具有大都市风采的业态。至于哪里是最早创立的画廊，恐怕已无从考证，但这无碍大雅，现代人讲究现实与实惠，反正只要身边能有画廊的芳姿，就是一种满足。据市场调研，在上海涌现的千余家画廊，从经营的内容看，大致可分为以下五类：① 西洋美术，包括传统的油画、现代的抽象画、装饰画以及西方雕塑艺术等。② 中国美术，主要为传统意义上中国画，有山水、人物、花卉、禽羽走兽等，还有中国的书法作品。③ 装潢美术，亦即工艺美术，大多为古色古香的门窗花板、刺绣镜片、木雕镜框，以及古旧家具上的铜饰件，甚至还有碎瓷片等，从手法上看，迎合了现代人的审美情趣。④ 老印刷品，这是为满足人们的怀旧情愫应运而生的，所谓老印刷品，都是些民国至解放初期的旧东西，有年画、广告画、月份牌、电影海报等，还有地道手工的木刻水印复制品等。⑤ 现代印刷品，有仿真画、印刷画、电脑画、凹凸画、金箔画等，镜框一装，让人难辨真假。

在上述五类内容中，最多的是卖现代印刷品的，这些以低价销售而适应普通人家的画廊，可以说遍布上海滩的角角落落，其数量占据了上海画廊的80%以上，现在它的市场很大。

上海的画廊业态，非常丰富多彩，但决非是从前的画店，除了具有展览与交流的功能外，在店铺构成方面也是多姿多彩的，有的与茶室结合在一起，有的跟花店组合起来，还有的和古董木器家具配伍，更有的与现代陶艺结缘，从而衍生出画中有画，画中有瓷，瓷中有画的深刻意境。更有的干脆将画廊建置在废弃的厂房、仓库里，厂房跟仓库的粗犷与艺术的亮丽，形成了一道道别有洞天的景观，仿佛画廊也成了画。画廊的业主，既有画家，甚至是著名的画家，入商市而不沾铜臭味，画家的品格就塑造出来了。画廊的营业时间和其他各行各业相比，可以用"乱七八糟"来形容，有白天开的，有晚上开的，甚至可以通宵达旦，为什么？ 因为这是艺术，艺术是靠灵感的，白天有白天的灵感，晚上有晚上的灵感，黑白之间总

是相映得那么有趣。

近年来,沪上的画廊迅猛发展,触觉也越来越艺术化与高档化,在一年一度的上海艺术博览会上,画廊已成为最重要的方面军,而且在每次艺博会上都有令世人轰动的举止,为本地的新闻媒体增色不少。

据说,上海一年有20万户人家要搬进新居,这就意味着一个面向家庭装潢的巨大书画艺术品市场正在形成,到画廊去寻宝,当每个市民在为自己的新家选择合适的美术作品时,也是在经历着一次次艺术审美的"进修"与"考试"。

据说在虹桥古北和浦东陆家嘴等高档住宅区域,有不少非但在上海画廊业甚至在国内美术界都具有影响和地位的画廊。这些画廊大多装潢得典雅而富有艺术气息,以经营油画的居多,作品标价多为数千至数万元之间；也有一些以经营中国传统画而著称的。

购房热带来了画廊热，楼盘开到哪儿，画廊就跟到那里，这是沪上近年来新呈现的文化现象。画廊热带来了书画艺术的文化消费熟，文化消费是人类的必不可少的精神生活，自古已存。画廊热的兴起，也就是书画作品回到文化消费的轨迹中，人们出于追求美，用美来改善和点缀我们的生活环境，尤其是新装修的客厅与书房，更使书画作品有了施展能量的天地。当人们在消费这些书画艺术时，不经意之间，可能就为未来保存下一批艺术的精品与珍品。据长寿路绿地里的一家堪称"书画超市"的画廊资料显示，这家画廊开张半年多，就卖出国画、油画、书法作品达14 000件，其价格从两三百元一直到数万元，它满足了不同层次的装修新居的需要，由此观，上海的书画市场是多么巨大。

话说回来，虽说到画廊买画是一种文化消费，但买回来的画既能适合装饰居室又能保值，这是寻宝人的普遍心理。据说，有位李先生并不懂画，但运气好，前几年偶尔在一次购画中，斗胆花了千把元钱买了张没什么知名度的北京青年画家的画，谁知这画家名气后来越搞越大，现在市场价上了万。

有的寻宝人，非常刻意，有时也非常自信，他们把眼光盯在一些价位在2 000至4 000元的中青年画家作品上，大多为国画，认为这些作者的作品，很容易冲上去，过了不少时间，随着作者的知名度的增大，升值不成问题。还有的人比较注重身份地位，比如说什么什么画院的院长，什么什么协会的会长，什么学院的教授，什么什么大奖的获得者，其实，这一切只能说明作者的身份，并不能完全证明他的作品的艺术价值，两者切切不能画等号。梵高生前什么也不是，这一切并没有妨碍他成为艺术大师。中国当代有个著名的画家叫黄秋园，现在他的作品国际上的拍卖价可与张大千媲美，但他生前没有发表过一幅作品，没有参加过一次展览，没有卖掉过一幅画，更没有什么什么头衔的光环。艺术就是艺术！

银楼与金店的历史情绪

从"世博"金币到生肖金条，越来越多的上海人，将贵金属纳入收藏的怀抱。每当新年伊始，不少人就会关注起金、银生肖的行情。热衷收藏金、银艺术品，这是上海人的精明之处，他们喜欢漫步于银楼与金店之间。

银楼与金店，都是对经营金银及珠宝商铺的称呼，例如老凤祥银楼、亚一金店。据史载，银楼的历史很悠久，可追溯到汉魏南北朝时期，当时已出现专业的个体金银匠。到了唐代，金银饰品用途日广，于是就有了金银铺开设应市。明清时，出现了专门经营金银饰品的银楼。开始时的银楼常由个体金银匠合拼而成，前店后场，范围较小。后来随着金银首饰业

* 老城隍庙珠玉汇市

的发展，银楼的范围也随着扩大，但基本上都是前店后场自产自销的经营格局。一般稍有规模的银楼均不销售其他牌号的金银首饰，凡销售的饰品均盖有本店牌号的戳记，以显示自己制造的金银饰品的可靠。

上海开埠后，很快形成了中国的经济中心，富商云集，金银首饰盛极一时，银楼业迅速发展，著名的老凤祥银楼就诞生于清咸丰三年（1852年）的南市小东门处。到了抗战前夕，上海滩大大小小银楼多达数百家之众，由此可见当时的盛况。为了区分银楼的规模，银楼业组成"大店同行"，简称"大同行"。当时上海共有18家银楼参加"大同行"，这些都是资金浓厚、规模较大的银楼，如裘天宝、方九霞、凤祥、庆福星、宝成、景福、杨庆和等。这些大同行卖出的黄金饰品，确保黄金成色、成分、标准一致，并在金饰上刻有店号与"大同行"的标记，收兑后可相互调换，取得较高的社会信誉。当时，在南京路上的裘天宝礼记银楼，销售黄金饰品一直位居金市首位，因而裘天宝的牌号不仅在沪地享受盛誉，而且在国内也具名望，于是在各地相继出现了裘天宝的店号。除了裘天宝银楼，方九霞与凤祥也很出名。其时，上海滩的凤祥共有三家店号：裕记、和记与德记，凤祥裕记银楼就演变成后来的老凤祥银楼。

昔日的银楼，尤其是那些牌子老、规模大的大同行银楼，十分重视金银首饰的质量，在制作经营管理上非常严格。银楼的经理以负责经营管理和开展业务为主要职责，一般不过问工场。工场归把作负责，金银首饰的产生制有着严密的分工，如有专做实器饰物的实六司务，有专做嵌宝石的镶嵌司务，还有螺丝、兽监、大件、点翠等不同名称的司工专业。所有金银饰品均盖有银楼店的戳记，黄金还盖上成色，上海的银楼对足金的黄金饰品均盖"足赤"，其成色一般为98.5%—99%。外地的银楼大部分也盖"足赤"，但有少数不同，例杭州常盖"十足金叶"，武汉等地则盖"真十足"。有的黄金饰品上盖"来金"戳记，表明是顾客来料加工，银楼不负饰品成色责任，由于黄金饰品是一种特殊的商品，它具有储藏与保值作用，故而各大银楼对其金饰品的生产有着极严的标准与要求，举一例，黄金饰品上的焊药金的成色都要低于饰品本身，所以对焊药金使用有规定的比例，若超过比例，就要追究责任，而饰品回收时却由企业承担焊药的损失。

除了银楼外，上海还有一批专门从事铸造金条的金号，民用的金条通常分为"大条"（大黄鱼）与小条（小黄鱼），"大条"的重量为十两（十六两制），"小条"为一两（十六两制）。当时在上海滩有名的金号有永丰余、大丰恒、祥和、裕丰永等。这些金号，以销售金条或者批发，一般不经营饰品，具有较大的资金实力，除门市外，还在黄金交易所搞黄金买卖。旧上海的金银饰品分各工比较细致，除专销饰品的银楼与批发黄金的金号外，还有专门熔炼金银的炉房，所谓炉房就是贵稀金属的提炼厂，上海各银楼收兑的呼种成色的金银，大都委托炉房加提纯。

抗战时，国民党政府一度实行金银国有化方案，规定由国家统一收购，不再向民间出售。抗战胜利后，金银恢复自由买卖，银楼再度兴起。

建国以后，国家对金银实行统一经营、统一管理，盛极一时的银楼歇业。当时，上海与北京、武汉、西安、广州等城市一样，开设国营的金店，例如老凤祥被改制为上海金银饰品店，政府对黄金饰品采取了集中生产方式，改变了传统的前店后场的银楼的格局。金店也改由中国人民银行直接领导，直到20世纪50年代末，因黄金供应量减少，遂交由百货公司兼营。黄金饰品的生产制作由当时的上海手工业局管辖，后改为二轻局，供应方向以出口外销为主。到了"文革"时，所有的内销黄金饰品业务都停顿，佩戴金银饰品被斥之为"四旧"而加冲击。

1982年，我国恢复黄金饰品内销市场，上海最早恢复是当时二轻局的

"宇宙金银饰品厂门市部"，其时1982年9月，地点在南京东路。1984年又恢复了二轻局属下的"珠宝玉器厂门市部"与第一商业局下的"天宝金银饰品商店"，著名的"老凤祥银楼"是1985年2月恢复的。

尔后，上海的金店像雨后春笋般地涌现，例如以一句上海人家喻户晓的广告语"老庙老黄，给您带来好运气"的"老庙黄金"。在"老庙黄金"的领衔下，豫园商场又创立了"亚一金店"、"城隍珠宝"、"珠玉汇市"与"永胜珠宝"等著名的金店，从而使老城隍庙地区成为中国黄、铂金销售中心，年俏售黄金量达5吨以上。红红火火的上海金店业，已改变了传统银楼一店一品、前店后场的模式，正朝规模型、系列型发展。近年来，随着钻石饰品的兴销，上海的金店业也从昔日较单一的金银饰品，走向更时尚化与国际化，同时，也为收藏提供了更广的选择。

＊ 上海珠宝银楼的夜景

走俏申城的古旧书

申城的旧书,越来越走俏。

旧书之旧,不是新旧的旧。旧书是泛指过去出版的书籍。旧书中年代较久远的木刻版线装书便成了古董,称之为古籍。

专门搜集旧书者,被称为藏书家。清代藏书家钱遵王曾将藏书家分为读而藏与为藏而藏两种。在现实社会中,为藏而藏的人要比为读而藏的人多。著名的学者唐弢先生说,还有第三种藏书家,为利而藏。为利而藏,藏者看重的是它的经济利益,这种收藏,正是我们今天所言的投资收藏。如今在这三种藏书家中"为利而藏"的已经越来越多,例如有位连环画发烧友,他专门到旧书市场上寻觅民国时期的老连环画,前几年的市场价格也不过二三十元一册,问津者不多,这位老兄就瞄准这些老版连环画,搜集了数百册之多。如今民国时期的老连环画的市场价格迅速地攀升到两三百元一册,甚至更贵,他的投资回报翻了近10倍。这便是旧书市场走俏的因素之一。

旧书业作为一种行当,在民国时期曾经有过相当辉煌的历史。那时上海的旧书业(也称古书业),主要聚集在福州路、汉口路与山东路一带。如"来青阁书店"店主杨寿祺,苏州人,后来上海开店,经手过大量的古籍书刊,据说该店于民国十年左右曾收得宁波天一阁被窃之书而受到法律牵连,但名声也因此而陡增。现代著名藏书家郑振铎是来青阁的老主顾,郑说,到书店里喝喝茶很方便,店主杨寿祺做生意很讲交情,有时某书是给某人留下的,价钱出得再大也不卖。设在西藏路大庆里的中国书店也是一家有名的古书店,店主金颂清,嘉兴人。1937年"七七"事变后,居住在日本的郭沫若回国,由于他在日本的学生金祖同陪同,金即为中国书店老板金颂清的儿子。郭沫若因此到中国书店住了几天,并与另一位文学家也是藏书家的阿英（钱杏邨）等在店内创办了《救亡日记》。当时在上海开古书店的业主以苏北人与河北人居多，前者有受古书店、树仁书店、积学书店、同文书店、二西书店、文汇书店与传薪书店等；后者有忠厚书庄、富晋书社、来熏阁、文海书店、修文书店，萃古斋书店等。

上世纪50年代中期，上海的古旧书行业在公私合营改造后，于1958年正式成立上海古旧书店，从此私营的古旧书店铺在申城消失。同时还建立了国营的上海古籍书店。

1967年，上海古旧书店改名为上海书店，1980年著名的文学大师茅盾先生题写上海书店店名。在整个计划经济时代，国营的上海书店一统了上海古旧书的天下。随着改革开放的春风，国营的上海书店除保留了几家旧书网点外，基本上转向了新书市场，并将原店改建成了上海图书城。

与此同时，社会旧书市场蓬勃兴起。最早建立的著名的旧书市场是"上海文庙旧书集市"，它是1986年在江泽民同志亲自关心下创办的。每逢周日集市，入市的人次达到数以万计，来此淘书者，有文化人、读书人、藏书人与生意人，异常红火，从而成为沪上一大文化景观。除此之外，在上海古玩市场上，也有古旧书刊摊位，如东台路市场、藏宝楼、多伦路文化街、聚奇古玩城、云洲古玩城等。

上海的古旧书刊市场主要分两大摊，一摊是旧书旧刊，另一摊是特价书刊。两大摊有不同的顾主，前者为收藏者，后者是读书人，当然在特价书店里也蕴藏着不少可投资收藏的书。1 000余元一部港台版的大型玉器图谱，在特价书店里，只花200多元就买到了，可见特价书店也有宝可觅。

随着收藏领域的不断拓展，现在的古旧书的概念还包容了企事业单位的纪念资料，例如老校刊、老厂志等，还有戏考、戏单、广告画、老明信片、老股票、老契约、名人尺牍、老报纸，甚至老地图、老照片、老信封、老账册、电影海报等。有一位爱好者，到古旧书市场上专事收集老日记，日积月累,这位爱好者竟搜集到了数百本各个时期的老日记,从清末一直到到"文革",这些日记簿大小不一,字休各异,但都是绝对的"孤本"。写日记的主人有学者、商贾、官员、工人、学生、军人,有支内的职工,有上山下乡的知青,有含冤致死的"右派",有上蹿下跳的"造反派"。这些身份迥然不同的主人,将他们的身世遭遇,甚至内心的声音,都淋漓尽致地留了下来。这位收集者说,他被这些日记感动了,计划编辑一部"日记大观"。

到市场上觅旧书与日资料,已成为眼下收藏觅宝者最热衷的活动。这些觅宝的地方,可以说遍及上海各处,除了正规的旧书市场、旧书店、旧书摊外,那些废品回收站、旧货垃圾市场、穿街走巷的废品收购车等,都可能有让你眼睛亮一亮的老东西。特别是我们这个城市正处在大拆大建旧城改造之间,或居家或单位,都会因为拆迁而把那些陈年百代的废旧之物清除出来,在这些貌似"垃圾"的垃圾中,时常会隐藏着好东西,甚至可以进拍卖行的宝贝。例如某日有位收藏者在某菜场边的一条小路上,看到有一收废纸旧书的摊子,在废报纸堆里有几捆旧书,他就蹲下与摊主闲聊,结果花了100元钱买下其中两捆旧书,其中有清嘉庆年间版的十卷汉代恒宽撰写的《盐铁论》,清同治年间《大清中外一统舆图》,就这两部古书,哪部都得有几千元的身价。

民国版的旧书,也越来越得到人们的青睐。上海有个叫瞿永发的藏书家,他潜心于民国时期的现代文学史料的收藏,卓有成就,光鲁迅、茅盾、周作人、巴金等人的初期版本书占有量就达80%以上,旧版郭沫若著作就有上百本之多。还有《良友》文库、文学丛刊等套书。20世纪80年代末,有人打算出售600余册新文学书籍,开价1万元,这钱在当时简直是个天文数字,几个欲购者都吓跑了,瞿永发一咬牙,东借西凑毅然买下了这批书。正是凭着这种追求的精神,1996年,上海评选十大藏书家,瞿永发以一名普通工人的身份名列其中。

期刊创刊号也是古书刊收藏的热点，由于期刊出刊后随看随丢的特点，期刊创刊号的发行量又不多，一般也不会重版，存世量十分稀少。上海的冯建忠就是一位以收藏期刊创刊号而著名的收藏家。2002年1月23日至2月3日他应邀赴台北举办"创刊号特展"，展出了精心收藏的162种珍贵期刊创刊号，全部为19世纪末至20世纪50年代前的遗珍，它们有百日维新失败后梁启超在日本创办的《清议报》，孙中山领导同盟会创办的第一份革命刊物《民报》，也有上世纪30年代在上海创刊的《万众》、《大众》、《文学》、《春秋》等文学期刊。还有1904年创办的《东方杂志》、1907年的《摄影画报》、1915年的《妇女杂志》、1933年《科学画报》、1940年的《游戏旬刊》等珍稀创刊号。展览引起了极大的社会反响，当地数十家新闻媒体给予了报道，参观者纷至沓来，人人感叹，特别是一些当年的"老上海"在展品前流连忘返。

老版连环画也是旧书市场的热点之一。连环画，上海民间俗称"小人书"，在解放后至"文革"，连环画普及程度极高。如《三国演义》、《水浒传》、《红楼梦》、《山乡巨变》、《林海雪原》等，整整影响了几代人。有趣的是，上世纪80年代后，我国的连环画编创出版和市场营销步入衰落，而连环画的收藏却悄然兴起。那些昔日被弃之不屑的"小人书"，一下子登堂入室成了宝贝，例如一套1979年上海人民美术出版礼的《李自成》拍卖成交价达650元，一套1960年出版的《渡江侦察记》，拍到了1 350元。据说上世纪50年代上海出版的60本一套的《三国演义》，如果品相是挺版的，市场价可高达2万元上下。这些市场价，与古玩艺术品相比毫不逊色。据有人统计，全国大约有两千名以连环画经营为主业或为第二职业者走上了发财致富之路，其中不乏百万富翁，由此可见连环画收藏的兴旺。

古旧书走俏申城，这就是海派收藏的特色。无论是严冬还是酷暑，一年四季中的每个星期天的清晨，上海文庙就会聚集起数以千计的淘书人

* 昔日弃之不屑的连环画，如今却跻身于古玩的行列

群，黑压压的一片，这便是申城文庙旧书集市的一大奇观。据上海文庙管理处主任王爱珍介绍，文庙旧书集市是1986年在江泽民同志亲自关心下创办的，当时仅仅是读书人相互间交流多余旧书的地方，想不到越办越红火，如今已成为名扬中国，甚至在海外也小有名气的旧书市场。每当星期天的清晨，卖书者推着平板车，踩着黄鱼车，拎着蛇皮袋，甚至用扁担挑着沉重的书籍。虽说正式开门的时间是上午7点半，但5点多天未亮就有人来排队，而淘书者常常比卖书人来得更早，有位姓张的教师，就因为来迟了一步，眼睁睁地看到一部清代的珍贵的《水浒传》被人以2 500元的廉价拿走。

上海文庙旧书集市设在大成殿前的广场上，两百多个摊位被排成八排，犹如八条色彩斑烂的长龙．在这些书摊上，摆满了各个时期的旧书，

* 人头攒动，淘书者就是这样来也匆匆，去也匆匆。文庙旧书市场的名声，就是在这脚步声中传开的

其中以民国时期的书刊最有特色，老期刊、旧报纸、连环画、影剧说明书、老校刊、老商标、老股票、旧契约、老明信片……说不定让你碰上一套明清版本的线装书。到此淘宝的不仅有读书人、收藏者，而且还有文化名人哩。

旧书市场的走俏，成为上海民间收藏的一道风景线。

第三章

推陈出新的收藏群体

已故钟表收藏家王安坚

王安坚是上海滩上已故的钟表收藏家，是改革开放后，上海崛起的收藏家群体代表。

王安坚是一个普普通通的工人干部。他出生于农村，当过轮船码头理货员，解放后被调到长途汽车运输公司工作。20世纪50年代初，他在该公司任安全员时期认识了当时在公司门口修钟表的师傅，混熟了后便跟着学会了钟表修理技术，之后便逐步地迷恋上了收集古旧钟表。几十年来，他节衣缩食、烟酒不沾，也失去很多娱乐时间，很少去戏院影院，更不会打扑克下象棋，"文革"中还需把宝贝东放西藏。但老话说，"有失必有得"。王安坚失去的是时间、钱财，得到的却是他和家人精神上的快乐。且看他的家庭钟表博物馆里，仿佛就是一个钟表的世界，什么"法国落地报刻钟"、"英国老刀牌香烟广告钟"、"日制双狗摆件钟"、"插屏式南京钟"，什么"透明表"、"瑞士雕花打簧表"、"日晷"等等，计有100余只，且大多来自民间。若按造型分，可分为尖顶哥特式、圆柱罗马式、圆顶拜占庭式；若按用途可分为家用、商用、装饰用、交通用等等。这些钟，这些表，都是王安坚从当时的旧货商店、旧货地摊觅来的，有原本就会走的，也有卖掉大衣凑钱买来如今价格不菲的，更有经过他"妙手回春"的。

就说那只法国落地报刻钟吧，便是王安坚从别人刀斧下"抢救"下来，尔后"妙手回春"的。一天，他在朋友家做客，闲谈中扯到一件事：有个人要把一只法国落地座钟改做床头柜。原来那座钟的主人是解放前法国领事馆的厨师，上海解放后，法国人觉得将座钟运回欧洲，千里迢迢，实在不划算，便折合工资给了中国厨师。几年后，老钟"生病"了，厨师去钟表店修理了几次。之后，由于考虑到该钟结构的特殊，经常修理费时费钱，便决定利用钟的木质外壳改做床头柜。当时，王安坚着实急了，根据朋友提供的地址找到座钟的主人，并说欲用两只新的床头柜交换。岂料那人又不肯了。无奈之下，王安坚只得加价120元才买下这只座钟。不久，"沉睡多年"的大钟在王安坚的妙手下复活了，于是，王安坚的房间里每隔一刻钟，便响起座钟悠扬洪亮的钟声。这使他心情舒畅！

王安坚的妙手不仅"治愈"了不少稀世钟表，这些钟表也为他的收藏馆添上了些许光彩，而且几十年中，他还凭着一双妙手，义务为人们修理了上万只表。他图的是什么？他图的是一种成功的喜悦！既是如此，如果有人要想来分享他的这种乐事，王安坚当然会婉言相拒。这种情况在他的收藏中曾发生过两次。第一次是有人愿意高价收购他的藏品，被他

* 已故钟表收藏家王安坚的儿子正在研究父亲留下的藏品

和家人嗤之以鼻。第二次说来似乎有趣，这次，是有人愿意租用他的全部藏品，到全国各地巡回展出，所得盈利与他拆账分成，被他婉言谢绝。然而几乎就在同时，他向社会免费公开展出，却在整个上海引起了轰动。王安坚也从此声名鹊起，来拍摄电影的，进行电视录像的。这些钟表成了全社会共享的精神文明建设的财富之一。

钟表行业则从这里找到了借鉴之机，于是乎，南通钟厂看中了王安坚收藏的"猫头鹰挂钟"，打算仿造生产；山东烟台钟厂、苏州手表厂、上海钟表研究所等单位相继来他处觅宝取经。王安坚以他收藏的古旧钟表为社会作出贡献，这是他乐趣所在，也是他以个人的绵薄之力，对中国民族钟表作出的拳拳之心。

如今，这位收藏家虽已离我们远去，但他的收藏业迹却铭刻在海派收藏的史册上。

已故扇面收藏家黄国栋

已故黄国栋先生，曾是上海滩大亨杜月笙的总账房，亦是沪上一位名扬海内外的扇面收藏家。

岁月如烟，24岁时，黄国栋接替父亲做了杜家总账房。其父猝死时留下一些遗产，其中便有数十把著名书画家题画的折扇。父藏子继，黄国栋一生别无它嗜，唯收藏古今名人字画和扇面是好。他任职杜公馆20年，集下各种名人题画扇子共有264把之多。其中有冯超然的山水、王一亭的荷花、谭泽恺的书法；也有孙中山秘书田恒、著名慈善家朱庆澜、替童涵春堂国药店号写了店名的清末状元陆润庠等社会名流的手书。还有不少书画名家，例如徐悲鸿、吴湖帆、启功等。凡当年红极一时又能书画的京昆名

角更是无一不在黄国栋的扇面上留下了真迹。说出来，名字可以列起一大串：梅兰芳、程砚秋、荀慧生、尚小云、姜妙香、谭小培、吴继兰、胡素兰、张君秋、黄桂秋、马连良、金少山、李万春、周信芳、俞振飞等。他的收藏有着许多故事，1944年春，梅兰芳与著名的净角金少山合演《霸王别姬》一剧，精彩表演倾倒观众。散场后戏迷将梅兰芳团团簇拥，请求签名留言题写字画，不意将金少山冷落一旁，此时金少山忍不住嗫然唱出一句摇板："最可叹，无人向我求字画。"唱罢欲拂袖而去。黄国栋见状，连忙上前："金老板，别生气，我正想求你的墨宝呢"就这样，黄国栋获得了金少山题字的扇面，据黄国栋回忆，那天金老板写得特别的卖力。扇面上写到："无怪黄金少，尽被仙人铸作楼。吴文溥《恍惚》诗云，恍惚青天驾鹤游，宝山珠树不胜收，仙人笑汝且归去，乞得黄金变石头。"

"文革"后拨乱反正，黄国栋从西北的劳改农场回到上海，在落实政策后，他又重操起收藏扇面的"旧好"。1987年，黄国栋第一次举办个人藏扇藏画展，珍贵藏品震动沪上。两年后，藏品参加了由上海市收藏协会举办的"上海民间收藏精品展"。又北上京城参加"京沪首届民间收藏联展"，更是名声大振。1991年的夏季，中国遭受百年不遇水灾，黄国栋又举办赈灾义展，82岁高龄每天到展厅接待参观者，为人签名留念乐此不疲。

尽管黄国栋的一生，充满坎坷与痛苦，但他怀有一颗赤子之心。他有一幅20世纪40年代何香凝画的《梅菊图》，他十分珍爱。画面上题款诗句："先开早具衡天志，后放犹存傲雪心"。在1987年，民革成立40周年之际，黄国栋将此墨宝捐献给了民革中央，从而显示了一位收藏家的高风亮节，也为海派收藏留下一段佳话。

已故钱币大师马定祥

在我国钱币界，如果谈起著名钱币大师马定祥先生的光辉一生，无论谁都会翘起大拇指。一位极富传奇色彩之收藏家，他对我国钱币文化作出的贡献，为后人留下了颇为宝贵的精神与物质的财富。

马定祥，浙江杭州人，1916年生，中国泉币学会发起人之一。马定祥出生于一殷实商家。从小就聪颖过人，记忆力特别强。还在他满周岁时"抓彩"抓了一支毛笔和一枚钱币，似乎上苍在冥冥之中注定了他一生与钱币打交道。孩提时代，他有一次和堂弟到菜市桥散步，在和一位熟识的南货店老板闲聊时，忽然瞥见账房先生从竹筒子里倒出一大堆铜板，他顿时眼睛一亮，拿自己的铜圆跟他作了交换。从那以后，这个地方就成了他最早选钱、收集钱币的"基地"。也是在这个时期，他那聪敏的才知和丰富的学识以及对鉴定古钱币真伪充满了兴趣，并由此得到一些钱币鉴赏家和爱好者的赏识。长大后，他医生没当成，却一头扎进了古钱币堆。抗战爆发后，他在杭州的家惨遭日寇抢劫，无奈之下，其父母毅然叫他独闯上海滩。之后，他师拜著名钱币学家张季量，第二年与师尊及丁福保、罗伯昭、张絅伯、戴葆庭、郑家相、王荫嘉等在上海发起"中国泉币学社"，从此再也无法从"银眼"里翻出去了。

20世纪30年代中期，随着中国币制改革，纸币和镍币大量发行，铜板逐渐退出历史舞台，铜板也就成为了历史的"古董"。加之国外人对收集铜板非常起劲，观客上促进了收藏，不少外国人还专门收集中国稀有钱币，并据此著书立说。这对初玩钱币的马定祥是一个很大的触动，他不仅更加广览博学，对于祖国的历史学、文字学等刻苦钻研，十分注意收集一些品种罕见的钱币，而且还先后同杭嘉湖地区的一些钱币收藏家等结成

* 钱币大师马定祥

了泉友，互惠交流所藏，其中尤以清代的祖钱、母钱、样钱等珍品为多，从而也使他的学识得到很大的提高，眼光更加犀利。马定祥的一生，有着很多传奇的故事。比如，20世纪40年代初，我国北方出土了一枚王莽造"新币十一株"古钱。这是一枚前所未闻的古钱，历代文献都不曾有过记载，故而消息一经披露，立刻引起各地泉友的关注。但当时泉坛流派纵横，众说纷纭，褒贬不一。上海一位著名古钱鉴赏家张絅伯从朋友处得了此古钱的拓片，研究后在当时的《泉币》杂志第11期上发表了一篇质疑文章。马定祥见了这枚古钱拓片后，心中始终有点芥蒂。巧的是这年冬天，他到北京去寻钱访友，特地跑到琉璃厂49号的"云松阁"，恳请物主让他开开眼界。当那只锦盒被打开时，他顿觉眼前一亮，一下子有种"神会"的感觉。当时就以11根大条付下定金，回上海后便把这情况告知"南张北方巴蜀罗"的罗伯昭，并劝说罗买下来。罗一向很相信马定祥的眼光，亦对他治学、敬业之精神很欣赏，毅然投下巨金将此枚孤品收藏入柜。

从16岁那年马定祥开始正式步入泉坛，风风雨雨50多年，他与"孔方兄"结缘可谓匪浅。也许是他机遇多多，常年浸淫在古钱堆里，也许是他眼光独到，学识广博，对祖国的各种钱币的造型、文字乃至历史的来由胸有沟壑，所以历史上大凡有来头且十分珍稀的古钱币几乎都拥有。比如"江西官银钱总号光绪三十二年壹千文"、"大清银币吉字戊申库平一两银币"、"光绪八年吉林官局制壹两"、"奉天中花十文"、"长须龙金样币"、"永隆通宝背闽铅钱"等等，洋洋大观，令人感叹。不仅如此，47岁时他还著书立说，著作颇丰，比如《太平天国钱币》、《咸丰泉汇》，起草《上海博物馆馆藏银币图录》，原拓孤本《泉币大观》，论文《大齐通宝辨》，指导门生编印《泉币之友》等。晚年时，分两次向浙江省博物馆捐献钱币、钱币拓集、照片、文选、书刊等大量实物资料，为研究中国钱币史作出了重要的贡献。

已故烟标收藏家朱大先

1984年春节，《解放日报》报道了这样一则消息，说的是在上海职工新春文艺年会上，全国著名的劳模朱大先在上海工人文化宫举办烟标展览。此消息一经媒体宣传，顿时引起了人们的好奇，纷纷涌向工人文化宫，都想一睹这位"车刀大王"首次向人们公开的"地下收藏"。

朱大先原名叫"朱大仙"，1921年出生，抗战后期到上海学铜匠生意，后来考入美国人办的中国农业公司（上海机床厂前身）。20世纪50年代时，他以革新成功750度强力切削车刀而闻名全国，被人称誉为"车刀大王"。1959年他和倪志福等一起参加第一届全国群英会，评上全国劳模。此后他连续5次被选为全国劳模。那么，这位平时烟酒不沾、既不会玩牌又不善下棋的全国著名劳模何以会与烟标收藏结缘呢？

事情还得从20世纪50年代说起。当时上海的小朋友间流行一种玩香烟盒的游戏，他们家的孩子常把赢来的香烟盒藏在五斗橱里。一天，朱师母大扫除时将这些东西全都扔在地上，准备清扫出门。巧的是这时正好朱大先回家，一见这些红红绿绿的香烟盒，顿时来了兴趣，便小心翼翼地夹进一本杂志里。从此，朱大先便开始了有意识的收藏。虽说他整日

* 烟标收藏家朱大先

117

在厂里搞技术革新，几乎没什么空闲时间，但他却做有心人，只要一有空闲，就去车站、码头、公园、旅馆、饭店寻觅。在那极"左"的"火红年代"，如果一个大名鼎鼎的全国劳模去收集什么香烟盒，其后果是难以置想的，无奈之下，他搞起了"地下收藏"。如此一搞就是30年，这需要多大的毅力啊！

那时，他的单位在外滩，每天中午有一个多小时的休息时间，别人都在休息聊天或者玩牌，他却一个人偷偷溜出去，利用这个"黄金时段"逛外滩江堤大道，边走边捡他的"宝贝"。甚至他在担任航天局技术处处长时，因为要经常接待外国贵宾，还和司机签了个"君子协定"：他去送外国客人时，司机把外宾空烟盒捡起来，帮助他收藏烟标。说来有趣，朱大先不仅有司机帮他，就连当时静安宾馆的堂堂经理，也曾为他捡过香烟盒。有一段时间，他参加"全国刀具先进队"，需到全国各地去作示范表演，工作之余，沿途又成了他搜集香烟盒的好机会。一天，他在一个小镇边的村庄看到几个小孩手中拿着的小本子，全是利用香烟盒装订而成的。这下他来了劲，与这些小孩一番"商谈"后，马上奔到小镇，买回一大沓练习本，跟他们交换小本子。回到旅馆后，他又悄悄地把小本子拆开，抚平。之后，随着朱大先收藏烟标知名度的不断扩大，一些风闻他有此爱好的朋友也纷纷帮起了忙。比如上海某印刷厂有一批中国早期的卷烟商标要清理掉，他的那位朋友赶紧来通风报信，他听后立即匆匆赶去，全部捧回家秘藏起来。再如昆明卷烟厂有位叫盛永年的工商业者，知道他是位收藏家，竟将自己保存多年的香烟商标挂号寄来，等等。

功夫不负有心人。朱大先靠着"一买、二捡、三要、四交换"收藏经，辛辛苦苦几十年下来，竟也集得了不少烟标。他共收集了国内烟标13 761种，国外烟标27 723种，其中不乏难得一见的珍品。比如我国最早的、创建于1909年的德隆烟公司的"锯子"烟标，南洋兄弟烟草公司1918

年在上海开办时的"银行"、"秧歌舞"、"红双囍"烟标,华成烟公司的"美丽"、"名花"、"金鼠"等烟标。其次还有300多种1890年至1902年美国、英国、苏联等40多个国家的烟标。真所谓集世界烟标之大成!

已故算具收藏家陈宝定

2009年3月28日,由上海市收藏协会主办的《上海收藏家》报,在头版的显著位置刊登了协会顾问、著名算具收藏家陈宝定逝世的消息。一时在全国收藏界引起了震惊。从此,全国收藏界失去了一位可敬可爱、德高望重的收藏家,我们失去了一位珠算领域的传承人。

陈老出生于1916年,生前是中国珠算协会名誉理事、中国珠算史研究会理事、浙江省珠算协会顾问、广州图算尺协会顾问、安徽江淮职大教授、日本珠算史研究会会员。他早年毕业于英国人办的商业专科学校。1937年到江苏昆山农业银行做会计,从此便天天与算盘打交道。虽说当时已有手摇计算机了,但陈老还是爱打他的算盘。那年,日本飞机空袭昆山,陈老什么也没拿,就抱了那把红木算盘躲进防空洞。患难中他和算盘结下了不懈之缘。特别在"十年浩劫"中,他收藏的算具几乎都遭到"灭顶之灾",但他坚信他的收藏对国家、对人民都是有益的。因此,几十年来,他虽然几易工作地址,从昆山到江阴,从无锡到上海,又去杭州,最后退休回沪,虽然他从职员到会计师,从中专三级教师到大学教授,他都始终没有放弃收藏算盘,全部的工资收入除了必要生活费外,都投入在收藏中,并营建出令人敬佩的"算具迷宫"——陈氏算具陈列馆。

且莫说他在重视研究与推广民间收藏文化、率先提出创立"收藏学",得到了收藏、文博界的重视,也莫说他70余年的算具收藏在国外,特

* 算具收藏家陈宝定

别在日本得到了前所未有的轰动，更莫说他几十年来是如何不辞辛劳、节衣缩食搞收藏的，光看看他那千辛万苦营建起的"算具迷宫"中陈列的各式算具吧，就不难窥视出陈老对我们民族传统的演算工具执着的向往与追求：一把长达4米的"巨无霸"与一把仅1.2公分小的戒指算盘相映成趣；象牙小算盘与陶瓷算盘都是明代遗物，富贵庄重、古色古香；延安时代的山桃核算盘，虽然简陋，但从这把"土算盘"上可以看到当年解放区军民的自力更生、艰苦奋斗精神；盲人算盘上的珠子是一页页木片，就像百页窗那样可以翻动；电子算盘将电子计算机和古老的算盘巧妙地融为一体。此外，还有什么开方算盘、清盘算盘、计时算盘、倍数算盘、显数算盘、教具算盘、儿童算盘等等、等等。而且珠式也是五花八门的，有"一四"珠、"一一"珠、"二三"珠、"三四"珠、"四五"珠，甚至"单一、四、九、十"珠。样式有单页、双页、四页、五页，甚至十页的。其制作材料更是繁多，金的、银的、象牙的、木质的、胶木的、陶瓷的、果核的、塑料的、布的、纸的。更有日本、美国、南朝鲜和苏联等国的洋算盘，可谓五花八门、千姿百态。不仅如此，在这"算盘迷宫"里，还有向人们展示算盘历史的实物与史料。从结绳记事的原始时代的第一代"沙算盘"，到以黑白小圆球计数的第二代算盘，再到第三代的七珠串档算盘、第四代的现代电子算盘，无不都从一个侧面告诉了人们，陈老对算具的收藏和研究是呕心沥血的，他的知识是广博而深邃的。

如果说收藏的实践必须要与创造相结合的话，那么陈老就是这种完美结合的典范。几十年来，陈老在收藏的同时勤奋伏案，曾先后出版了《英汉汉英珠算词汇》、《中国珠算大全——算具》、《现代珠算教材》、《现代民间收藏指南》等。其中，《现代珠算教材》还被列入立信财经丛书，第一版就印了12万册。另外，他还在报刊上发表了几十篇有独特见解的学术论文，为弘扬中华民族珠算文化与收藏文化作出了贡献。

陈老的"算具迷宫"荟萃着多彩多姿的算具，它们凝结着陈老的毕生心血，陈老收藏的算具和他那几十万字的著作、论文，将永载海派收藏文化史册！

陶艺家、收藏家许四海

日前，由中央电视台等20余家媒体在北京举行"2009年度最具影响力的十大收藏家"评比，经过全国范围的评比，上海有一个收藏家榜上有名，他就是许四海。

许四海是上海市收藏协会副会长，其名声在全国乃至港台、东南亚一带极为响亮，竟达到"凡喝茶的人都知道他"的地步。其实，许四海倒十分自谦，人家称他为"紫砂王"，而他却称自己为"拾荒人"。许四海是江苏盐城人，从小丧父后即随母亲逃荒到上海，后又参军入伍。当时，他在部队从事文化工作时，由于受潮汕功夫茶的影响，竟渐渐对紫砂壶产生兴趣，并把大部分津贴都用在了购买收藏品。如此的日积月累，等到他复员时，竟带回家一卡车紫砂壶和瓷器，其中有数百把还是历代珍贵茗壶，如王南林、邵大享、俞国良、朱可心、王寅春等作品。之后，他的收藏就进入到了疯狂期，有人戏称他为"江南壶痴"，也有人赞誉他为"江南壶疯"。但是，时隔不久，许四海玩壶不过瘾，又走上制作紫砂壶的道路。由此他停薪留职，整整三年全身心地扑在紫砂土上，既研究揣摩前人的作品，又自己模仿制作。可能是许四海本来就聪颖过人，也可能是许四海勤奋所至，他的名字随着他几多作品的问世渐而走向了全国，走向了海外，声名鹊起。有人说许四海之所以有今天的成就，能精制出令人叹服的紫砂壶，并使人一掷千金也在所不惜，原因还在于唐云是他的领路人。此话不假。

* 陶艺家、收藏家许四海

　　走进许四海创办的国内第一个民间个人茶具馆，即"四海茶具馆"，给人的感觉就是古朴、闲适。一溜红木陈列柜的上下三层摆满了形态各异的紫砂壶。最大的一把闻才制作的洋桶壶，仅壶腹直径就有20厘米，壶身上还刻有陶艺名家任淦庭的诗画。最小的一把是王寅春制作的全红泥小水平壶，高度仅为5厘米，从壶嘴到壶把也仅10厘米，壶口仅容下一个大拇指，壶壁薄如纸，重量不足50克，是用来专门泡功夫茶的。一把邵大享的掇只壶，其高20厘米，长26厘米，从肩项到壶腹线条流畅柔美，极富韵致。这把壶是许四海的至爱。其他的还有冯桂林的青泥梅桩壶、俞国良的墨绿柿扁壶、汪宝根的合菱壶、顾景舟的井栏壶等等。有位台湾人士两度寻访"四海茶具馆"欲一睹"紫砂王"不着，竟反复打听，直至碰巧遇上了许四海的老丈人，才终于遂了一睹上海"紫砂王"风采的心愿。也难怪台湾茶艺家范增平先生在内地机场看到报上刊登"四海茶具馆"及"复兴茶艺研讨会"的消息后，放弃随团访问他处的机会，独自冒雨寻访"紫砂王"。

　　如果说，前人名家的作品固然都是不可多得的绝世佳作的话，那么，反观许四海自己的作品，也集诗、文、画、金石、雕塑于一体，或以线纹点缀，或以刻画、浮雕饰之，似乎也并不比这些名宿大家们逊色多少。比如一把"海春壶"，其形似明代紫砂壶鼻祖供春的树瘿壶，但许四海在制作时刻意突出阴阳反差效果，增加造型的浑厚气度，并辅以动物烘托，便给人以一种超凡脱俗、返朴归真的视觉感。再比如一把"夏意水滴"壶，但见壶上一只活灵活现的夏蝉正在吸吮着一只苦瓜瓜汁。这种奇妙的构想简直令人叫绝，此壶在1985年景德镇陶瓷评比中曾获得最高分，目前已陈列在美国亚洲美术博物院展厅。又比如那把"束柴三友壶"，外形酷似一束柴禾，树皮粗糙，上面还爬着几只栩栩如生的昆虫，极富有山村樵夫的野趣。而这把"睡翁壶"，整体就是一位头枕臂弯宿睡不醒的老翁，妙趣横生。

京剧服饰收藏家包畹蓉

包畹蓉先生系沪上著名的京剧服饰收藏家，上海市收藏协会常务理事。提起他的收藏，颇有传奇色彩。他祖籍浙江湖州，当初的湖州，除了温、沈两个大族外，还有五个姓氏的殷富人家，包家也名列其中。包氏几代人都喜欢戏曲，包畹蓉因此就经常跟着父母到当时有名望的陈立夫、潘公展、朱家骅、陈葛士家串门看戏，久而久之，他被台上演员精湛的演技、绚丽多姿的京剧服饰迷住，遂萌发了学戏的念头。当他15岁时，这个五房合一子的宝贝，经人撮合，拜在了当时"四大名旦"之一的荀慧生门下，成为正式弟子。以后不久，他又求教于黄桂秋、王瑶卿练功学艺。

儿子学戏，显然与父亲望子成龙愿望相悖，为此，父子间几乎反目。好在母亲的关爱与体贴，使他成为了一名票友。20世纪50年代初，包畹蓉第一次斥资置行头，搭班子，与名伶孟小冬之妹孟幼冬、麒派名票陆锦荣等人搭档，开始了他的一代名伶梦。一次，他们剧团从无锡转道江阴的演出路上，船靠码头后，在卸货清点时却发现价值数万元的整箱行头不翼而飞。不得已下，只得又费钱置办了第二批、第三批行头。尔后，他参加了新疆生产建设兵团文工团，在新疆各地和邻省挑梁演出了《红娘》、《霍小玉》、《诓妻嫁妹》等荀派戏。一时在大西北搞得轰轰烈烈，被誉为"小荀慧生"。然而，一场浩劫，包畹蓉却成了上海机床厂的一名起重工，一晃就是十几年，待等他想重登红氍毹时，已年华不再，嗓子倒了，十指硬了，"名伶梦"已难圆。从此，包畹蓉把对中国京剧的满腔热情，转化成对戏剧服饰的研究、制作和收藏，走上了另一条漫漫之路。

但中国京剧行当的清规戒律最多，不可轻易改动，这恐怕堪称中国现有的一切表演艺术之最。京剧中的生、旦、净、丑、末角色的服饰，又按各

个派别来加以区分展示，让看戏人一眼就可以辨出谁是生、谁是旦、谁是净、谁是丑。包畹蓉先后设计的三批不同流派、不同色彩和款式的服饰，虽然大部分在演出"转码头"时被遗失，或被打成"四旧"而遭劫，但毕竟还剩有不少他颇为得意的精品。如今，博物馆里展出的各式服饰，大都是他近20年来精心设计制作的。包畹蓉在对京剧服饰的花纹图案的设计上，常常别出心裁，花样翻新。比如《霸王别姬》一戏中，虞姬历来都穿一套虎头鱼鳞甲，致使服饰上的图案与戏的内容很不协调，貌美婀娜的虞姬因穿着不协调而大为减色，影响了演出效果。包畹蓉经过深思熟虑，大胆地把花纹改换成月季和玉兰图案，看上去既典雅又华贵，经过演出，果然使人物更具魅力。梅兰芳的《贵妃醉酒》中，端庄典雅的杨贵妃穿的女蟒，原来已经过改革，比过去更显得雍容华贵，也曾得到梅兰芳的赞赏，但包畹蓉还觉得不够气派。他选用当时最新的织锦缎为面料，请艺人用套色精心绣出牡丹、凤凰主题图案，再配以其他花纹，使其显得更华丽无比。

包畹蓉收藏的京剧服饰有千余种，其中不少是弥足珍贵的，例如梅兰芳、荀慧生、金少山等大师的戏服，还有不少是他亲自设计制作的。几十年来，包畹蓉在老爱人马老师的鼎立支持下，耗尽家资，省吃俭用，费尽全部心思设计、制作、收藏京剧服饰，在上海有"一绝"之称。那各款各式的蟒袍、裙袄、斗篷、开氅等，若按剧目分，已形成《红娘》系列、《霍小玉》系列、《霸王别姬》系列、《四郎探母》系列、《天女散花》系列、《宇宙锋》系列等等。

筷箸收藏家蓝翔

近年来，沪上筷箸收藏家蓝翔的收藏研究成绩着实不小，不仅新作不断，而且还连续三年受国际箸文化研究会邀请参加年会，特别在去年年会上,还被该研究会授予了"国际箸文化贡献奖"。

　　蓝翔是上海市收藏协会"海派收藏成就奖"获得者,也是一位作家和民俗学家,收藏研究饮食文化多年,曾于1993年撰写出版了我国有史以来的第一部箸文化专著《筷子古今谈》,是一位典型的筷箸收藏家与研究家。不过,若说起蓝翔之所以对我国传统的筷箸有深厚的感情,究其原因有二点:第一,是源于50多年前的一次往事。那时,蓝翔作为部队文工团的一员参加抗美援朝战争,在一次战斗中,他的一位战友英勇牺牲,在随身物品中有一双被血染红的骨筷。为了纪念心爱的战友,蓝翔把这双筷子珍藏了起来。这是蓝翔收藏的第一双筷子。第二,是基于"文革"中的一段经历。那年,蓝翔从部队复员后一直在工人俱乐部工作,因为之前他经常有诗歌、散文、小说等文学作品发表,所以"文革"一开始他便被打成"小三家村"关进"牛棚",整天干着打扫厕所的苦役。当时,有一位老教授也被关在这里接受所谓的"隔离审查"。一次,他亲眼目睹"造反派"有意捉弄老教授,送饭不给筷子。老教授饥饿难熬,只得用手来扒饭吃。蓝翔看在眼里,记在心里,为了防止万一自己也被捉弄,便动手削了一双竹筷子藏在身边。故而,筷子对蓝翔来说,确实有一种特别的情感。

　　蓝翔平常烟酒不沾,衣着随便,但一旦遇上喜欢的藏品,便会不惜一掷千金。为了收藏筷箸,他的足迹踏遍了全国20多个省市、古镇僻乡。有一次,他为了寻找记忆中的一双铁筷子,竟专程跑回徐州老家掘地三尺,岂料此双铁筷子由于年代久远,而且又被埋在土中,所以腐蚀得仅存一根了。经过多年来不辞辛劳的寻觅,蓝翔收集的藏品已经相当丰富,由此他于1988年在家中办起了全国独一无二的家庭"藏筷馆"。"藏筷馆"虽说不大,但里面陈列着的稀奇古怪筷箸却有2 000多双,上自明清两代,下至民国、当代,还有日本和朝鲜等外国的。若按材质分,有竹木、金属、牙骨、玉石、密塑几大类,其中又以木质的居多。比如,红木、乌木、楠木、枣木、

* 筷箸收藏家蓝翔

铁梨木、紫檀木等十多种。有些筷箸看似简单，并无任何花纹图案，但里面的学问可多了，而且各地有各地的风俗习惯。比如，有进步时不沾米饭和防馊的枣木筷，有陕北民间认为有利明目的冬青木筷，也有少数民族的结婚筷、香港的旅游筷、日本作为礼品的长寿筷，更有清代时人们用来拨弄烧炭的长铜筷、洞房中用来剪龙凤花烛烛芯的又细又长的铜筷等等，不胜枚举。其次，蓝翔还收藏了筷筒、筷笼、筷盒数百件，其中也不乏精品。这些用各种材质制成的器物，大多绘有"福、禄、寿、囍"等吉祥文字图案，承载着浓浓的民俗风情和民俗文化。

其实，认真说起来，蓝翔收藏筷箸也罢，收藏筷筒、筷笼和筷盒也罢，其目的还在于研究一直根植在民间的筷箸文化。这或许是他长期以来养成的勤于追根究底的习惯所致吧。有一次，他在研究中发现，《红楼梦》里曹雪芹称"箸"又称"筷",而清代《康熙字典》中有"箸"而无"筷"字,这是为什么呢? 后来,他在明代文人笔记《推篷寝语》里终于找到了答案,这才了解了其中的道理。自从在上世纪90年代初蓝翔出版了第一部专著后,30多年来,他又相继出版了《中国筷子》英文版法文版、《筷箸的故事》、《华夏民俗博览》、《中华收藏文化大观》、《收藏史》等20多部著作,还在北京、上海、南京、长沙、沈阳、成都、惠州、余姚和中国台湾甚至韩国、日本等地举办过数十次的展览。其影响力之大、宣传面之广,对传承民族的筷箸文化起到了积极的推动作用。

古船模制作收藏家徐滨杰

在上海滩涌现出一位古船模制作者,他就是被藏界赞誉为"百舸富翁"的徐滨杰。

徐滨杰是上海市收藏协会"海派收藏成就奖"获得者,退休前曾服务于上海市轮渡公司。那时,他的办公室面对黄浦江。每天,看到黄浦江上穿梭来往的巨轮,象在欣赏一卷流动的画。我国的造船史可上溯几千年。早在《周易·系辞》中就有"伏羲氏刳木为舟,剡木为楫"的记载。而我国的木帆船及航海技术,又早在11世纪就已居世界领先地位了。但是,曾几何时,清廷采取闭关自守政策,使国家日渐贫穷,给帝国主义列强侵略有了可乘之机。每每想到这些,他就会痛心疾首,心里涌起一腔爱国激情。因此他立下宏愿,要制作船模,让中国的古帆船再现当年鼎盛时期的风采!

从此,不足30岁的他走了制作船模的道路。1963年之后,他参加全国性的船模比赛,曾连续几年都获得国家一级运动员荣誉和航海模型冠

*　古船模制作收藏家徐滨杰

军。他白天在公司上班，晚上在家里加班。但是，制作船模，重要的是再现中国木帆船的神韵。除了图纸资料外，要尽可能多看实物。一次，他为了制作一艘"七道帆"，赶去江苏吴县拍了几卷胶卷，回来后再一个细部一个细部地认真研究对照。一艘"钓槽钓鱼船"，原图纸的甲板上没有上层建筑，他觉得应该加上，却苦于没有实物依据。于是他跑码头、去港口，果然发现了自己想象的东西，马上照下细部，回去添上。经过几十年的探索、制作。如今，展现在徐滨杰眼前的船模不下两百多种。沙、福、广、鸟四大船系的代表船模基本齐全，三扇子、七扇子、红头舢板、太湖钓船、五桅沙船、六鸽档等，洋洋洒洒，令人神往。这些严格按25∶1甚至300∶1比例制作的仿真船模系列，曾屡获国内外举办展会的各项奖项。

且说那艘曾陈列于人民大会堂上海厅的沙船模型吧，就是徐滨杰的精心之作。沙船的发祥地是上海，明代郑和七下西洋时乘坐的宝船就是沙船。徐滨杰制的沙船模型，舷舱桅梁、钉铆榫合、五脏俱全。船模的每一片甲板都可以掀开，底下还有一层；木片与木片之间也象油灰弥缝一般处理，与实物并无异样。还有那艘郑成功战船。船底内凹，稳定性好，曾为收复台湾立下了赫赫战功。现藏于中国军事博物馆。他还为福建泉州做了一条长2米有余大船，其造型逼真，气势雄伟，就连帆樯上的竹杆，也是他用木条一一刻出竹节模样。船上的铁锚，跟真锚一样。更令人叫绝的是那艘仅为真船1/300的沙船模型，虽仅7厘米长，但制作上毫不含糊，船身用木皮一层层贴上形成层次，半寸长的跳板上那一道道滑档，竟是用头发丝粘上的，令人叹为观止。那年，上海举办"郑和航海暨国际海洋博览会"上，由他提供的35艘中国古船模参加展出，引起轰动。此后，市有关部门还曾向他商借两艘精品五桅沙船模型，作为上海城标，赴日本爱知县世界博览会上海馆展出。

"三寸金莲"收藏家杨韶荣

　　这是一间宽敞、明亮的教室，左右两侧的墙上张贴着英文写成的学习心得，正面墙上有两幅绘有花草鸟鱼虫等等图案的示意图，教室里端坐着十几位学生——都是些40岁左右的美国妇女，一位年近七十，身材高大结实，精神矍铄的老人正指点一件我国古代妇女所穿的大襟绸缎上衣，从自己收藏"三寸金莲"开始，由浅入深地向她们讲解我国传统服饰文化的演绎过程。语调缓慢，精力充沛，时而还夹杂几句宁波乡音的英语。他，就是全国闻名的"三寸金莲"收藏家，上海美国学校的兼职讲师杨韶荣先生。

* "三寸金莲"收藏家杨韶荣

　　一个几十年痴迷于"三寸金莲"收藏的普普通通中国老人，又怎么会成了上海美国学校的兼职讲师呢？这还得从杨韶荣先生萌发收藏"三寸金莲"的事说起。

　　杨韶荣是上海市收藏协会理事。他创办"百履堂——三寸金莲"家庭博物馆，还得从他对艺术的特殊爱好说起。有一次，他偶尔路过一爿绣品商店，看到有好几个外国人在挑选中国绣花鞋。这些绣花鞋十分漂亮，它集绘画与刺绣工艺为一体。老杨被迷住了，想到现代人早已不穿绣花鞋，而收藏它，正是收藏传统的中国服饰文化。从此，他不辞辛劳，到处寻觅，经过几十年的努力，如今已收集到各种绣花鞋达 1 000 余双。大多是清代的，最早到唐代，各个朝代的绣花鞋，可根据鞋跟的造型与高低，判断其年代，一般说，唐代的多平底，宋代的多高底，明末清初，绣花鞋也出现过高跟，但大多是坡跟和1厘米左右的后跟。"百履堂"里琳琅满目的绣花鞋中，最小的仅长9厘米，最大的有19厘米，这是清代中期农家妇女所绣，是他三上安徽农村，几经周折才觅到的。

几十年的寻寻觅觅，充实了老杨退休以后的生活，使老杨在收藏中找到了乐趣，也增长了知识，比如，清代的绣花鞋比较讲究纹饰寓意，牡丹花意含荣华富贵，多为年轻女子喜爱，蝙蝠捧寿寓意多福多寿，以老年妇女穿用居多。各种绣花鞋的花纹图案又四季不同，春季牡丹，夏季荷花，秋季菊花，冬季腊梅。再比如，清代的鞋饰制度十分严格，民间女子不得用金与珍珠绣，绣龙凤图案和用黄色、绿色被视为有罪等等。辛亥革命后，女人缠足之风逐渐废除，到了20世纪40年代，除西北、西南少数民族地区外，被人称为"三寸金莲"的小脚已不多见，绣花鞋也成了历史遗迹。

"三寸金莲"家庭博物馆创办后，著名书法家赵冷月先生闻讯，感慨于老杨的精神，欣然题书"百履堂"。消息传到大洋彼岸，美国绣花鞋收藏家罗伯特先生几次到上海，与老杨交朋友，相互学习研讨，并热诚地邀请他赴美办展览。台湾"三寸金莲"收藏家柯基生也专程赶到他藏馆，和他共同探讨，并合影留念。

老杨为了把传统的服饰文化同社区精神文明建设结合起来，在自己家里办了博物馆，他说，不仅是自己多年的愿望有了归宿，而且还可以让人们更多地了解"三寸金莲"的衍变过程，以及我国传统服饰的高超绝伦、瑰丽多姿。因此每年暑假期间，将博物馆对学生免费开放，仅一个假期，他就接待了近500人次的师生，有位学生在留言簿上写道："参观了'百履堂'后，我们在深感中华民族传统服饰文化的灿烂和伟大的同时，也加深了对中国妇女受封建主义压迫的历史的理解！街道党委对老杨的举措，表示了极大的赞赏，并赠锦旗一面，上书："'百履堂'精神文明阵地"。

几年前，美国藏友罗伯特先生从大洋彼岸赶到老杨家，在一阵交谈后，他告诉老杨，既然不愿去美国办展，那么恳请老杨为在中国的美国妇女上课，专门讲授中国的传统服饰文化。老杨从藏友的真挚友情中，感觉到了藏友那一颗滚烫的心，豪爽地答应了。不久，他又收到了上海外事办的通知。从此，老杨就成了上海美国学校的一名兼职讲师，成了收藏家给外国人讲课的专家。

古玉收藏家杨振斌

2005年夏日是古玉收藏家杨振斌最忙碌的一年，五场"中国古典玉雕艺术展"几乎同时在上海、江苏、浙江三地拉开帷幕，数百件文房类、饰件类、礼器类、玉壶类、玉雕兵器类等我国古典玉雕藏品，使各地慕名而来的参观者惊赞不已。

杨振斌是上海市收藏协会玉器专委会主任，人称"玉痴"，他之所以对中国古典玉雕情有独钟，30多年收藏含辛茹苦，究其原因还在他的家传。40年前，他从父亲手中接过十几件文房玉雕时，被一件清中期的"白玉松鹤雕笔筒"上精湛的雕工所迷恋，于是萌发了把文房玉雕配齐的想法。从此，他一面细读父亲留下的数十册相关书籍，一面利用工作之余在各地古玩市场寻觅。几十年不辞辛劳奔波，换来了颇具规模的古玉藏品。其中被专家学者一致看好的就有数十件。比如清中期的"蝙蝠如意纹白玉九龙璧"、"龙凤玉瓶"；战国时期的"双龙提梁壶"和"龙凤玉壶"等。这些玉雕艺术品全都古朴简约、沁色无穷。

收藏古玉，谈何容易。但在杨振斌几十年收藏生涯中发生的几件趣事，却证实了他与古玉有缘。就说"蝙蝠如意纹九龙璧"吧，当初杨振斌是听一位藏友告知，说是某地有户人家，在房屋改建拆房时意外发现墙中夹缝里藏有一块九龙璧。当时，杨振斌感到奇怪，赶去一看，才知果有此事。只见该九龙璧被镶嵌在月形底座里，璧正面以高浮雕雕成九条团龙，璧中间为一钱币式标起方孔，璧后为阳雕楷体"清心可也"四字，璧四周错铜蝙蝠如意纹。整件九龙璧清晰典雅。后有专家鉴定认为是阳起石类型的白玉，也有认为是透闪石类白玉。但不管是什么类型的玉，能得到它总是有缘！

还有一次是10年前。杨振斌去外地出差，在一古玩市场偶然从一位老人手中觅得一件玉壶。该壶玉质缜密温润，清秀明亮。壶前端圆雕一龙，龙头为流，龙爪平曲支撑壶身，中部两侧各浮雕龙凤纹饰，壶盖周边雕莲花纹，纽为一雏凤，双目顾盼，壶把为一羽圆雕大凤。龙与凤前后呼应，雕工精致异常。加之壶盖下沿的朱砂沁，使得整把玉壶白里透红，古意盎然。有人问他如何得来，杨振斌仅淡淡一笑："缘，这全是玉缘啊"！

然而，常在河边走，哪有不湿鞋的。即便是行家里手也有"走眼"的时候，何况收藏古玉？杨振斌的书桌有件"玉雕骆驼笔搁"，初看时无论是沁色还是玉质雕工，都可以说是无懈可击的清代之玉。但就是这件笔搁，却是他古玉收藏的极好教材。几年前，他在外地一古玩市场见到这件笔搁时，还真被它的表象所迷惑。此笔搁不大，土黄的皮色，沁色自然，给人一种如释重负的感觉。他看着喜欢，便买了下来。岂料回家与其他古玉仔细一比，才知自己上了当，这些皮子沁色全是高科技的杰作。为此，他十分感慨现代科学的无所不能，也为自己有这样一次的"吃药"经历而感欣慰。用他话说，这是"操千曲而后晓声，观千剑而后识器！"

　　有道是，功夫不负有心人。杨振斌从初识玉器到对玉器产生浓厚兴趣，继而走遍大江南北十几个省市的古玩市场，几十年的寻寻觅觅，才有了今天的成绩。如今，他已拥有上自战国时期，下至明清各朝各代的古玉器近千件，分20多个门类，其中30%都是不同玉质的文房玉雕。如笔筒、笔洗、砚台、笔搁、香熏等。其次还有近百把玲珑精巧、薄可见光的玉壶。如汉代的提梁龙壶、双兽白玉壶，明清时的荷莲壶、南瓜壶、芭蕉壶等。所有的藏品组成了一部蔚为壮观的玉的史册，而杨振斌深陷其中，不能自拔。

火花收藏家周伯钦

　　去年，是沪上著名火花收藏家周伯钦迎来70华诞之年，而在这喜庆的时候，由他撰写的著作《花语声声》又恰逢出版发行，实为双喜临门。书作《花语声声》由"滟滟花美"、"浓浓花情"、"漫漫花路"、"泛泛花路"4个栏目名称组成，且篇篇离不开火花这朵"花"，洋洋洒洒16余万字，均真实地记录了周伯钦几十年来火花收藏的艰辛历程。读来令人感慨。

周伯钦系一位从公安系统退休的干部，是上海市收藏协会名誉副会长。早在年轻的时候，周伯钦就对收藏情有独钟，尤其是书画、火花。上世纪60年代初，他偶尔在《人民日报》上，读到一篇由漫画家华君武撰写的介绍李少言等12位版画家为重庆火柴厂创作火花的文章后，顿时感慨不已，想到之前的火花图案大多是以文字为主，画面既粗劣又简单，而名家的作品更是难得一见时，遂萌发了收集的念头。于是，他当即写了封热情洋溢的信寄往该火柴厂，但却毫无收获。之后，他又是多次写信到重庆美术家协会，又是写信给报纸上提到的12位版画家，最后才如愿以偿地得到了那套具有划时代意义的艺术火花。也就是从这个时候开始，他才算是步入了真正意义上的火花收藏生涯。

在市公安局从事政工工作的周伯钦，有较强的文字功底，他把这些特长运用到对火花的收藏和研究上，简直是如鱼得水，写文章，交朋友，仅只几年时间，他就同全国百余家火柴厂建立了联系，并因此得益非浅。他的火花藏品也日渐丰富，名声也渐渐为人所知。特别是一位远在日本的收藏家竟慕名给他寄来了日本火花希望同他交换。然而，此刻全国正在遭受空前的"浩劫"，他无论采取怎样的方法，最终还是免不了受批挨斗。无奈之下，他只得含泪将自己收藏了多年的火花付之一炬。"十年浩劫"后，万物复苏，周伯钦又重新燃起了收藏火花之"火"，甚至不惜高价寻觅一些早期火花，自己则省吃俭用。有时他乘出差之机独自跑到火柴厂交朋友收集火花，有时干脆去各地烟杂店寻觅，竟到了流连忘返"痴迷"的程度。有一次，他出差去北京开会，回程那天已是清晨，他一早就去市郊的一位老朋友家收集一套我国申奥火花，当他匆匆赶到机场时，飞机已经起飞。

俗话说，功夫不负有心人。周伯钦寻寻觅觅几十年，节衣缩食，烟酒不沾，其间的甘苦辛劳只有他自己知道，但换来的却是他火花收藏的春天。如今，他已拥有上自清末民初，下至现代的火花无数，其中不乏人们平常难得一见的珍品，比如，28枚历史名画长卷的《清明上河图》，漫画家张乐平的名作《三毛流浪记》共624枚。而在他所有收藏的火花百枚系列，更是独步整个收藏界。比如"百福系列"、"百寿系列"、"百桥系列"、"百塔系列"等等。特别是他有一本题为"逝去的风采"的苏联火花集，更被人称为火花的"特定语言"。此用数百套前苏联早期火花反映前苏联昔日的发展与辉煌的火花集，成了珍贵的历史佐证，因而在全国火花展中荣获奖项。

自从1995年周伯钦办起了"艺术火花家庭收藏馆"后，他的藏馆便成为了人们参观游览的一道风景线，名声大噪，慕名参观者纷至沓来。当时的市政协主席王力平闻讯后，欣喜地题赠"百花成蜜"条幅，与韩天衡之前题写的藏馆牌匾形成一股浓浓的文化氛围。他的收藏业绩已被《中国收藏家辞典》、《中华名人录》等十余种典籍收录。对此，周伯钦虽有自豪感和荣誉感，但他犹自不甘寂寞，更加活跃在为社区居民服务的阵地上，并被屡屡戴上荣誉的桂冠。

钥匙收藏家赵金志

上海滩的收藏家，收藏着千奇百怪的东西。这些东西，有不少都是不起眼的生活用品。但经我们收藏家的不懈追求，都蔚为大观。赵金志先生就是这样一位收藏家，他收藏的对象是普普通通的钥匙。

如今的赵金志已到古稀之年，仍是上海市收藏协会名誉副会长。说起收藏钥匙，还真有一段刻骨铭心、叫人难以忘怀的往事。他从小生长在一个贫苦农民家庭，养父为了一家人的生计，日出而作，日落而息，终年劳累，农闲时还要串乡走村的做些油盐酱醋小生意。有时候付现金，有时候不给现金拿废铜烂铁来换也行。在乡里人换油盐的废铜中常有一些旧的铜钥匙，幼年的赵金志觉得好玩，就拿它用绳子串起来挂在脖子上，奔跑起来，一闪一亮一叮一叮当蛮有趣。有一天，他在河边玩耍，一不小心失足，险些落水。他不会游水，掉下去十有八九会丧命，幸好脖子上的那串钥匙挂住了一段树枝，救了他一条小命。就这样，他与钥匙结下了不懈之缘。

从此，搜集具有特殊意义的钥匙，就成了他生活的一部分。长大成人时，他已经收集了好几百把钥匙。参军了，他把它们带在身边，带到了部队里。不幸在一次部队紧急调防行动中，这些钥匙全丢了。他接着又重新开始收集。过了8年，眼看一番心血又聚成600把大大小小的铜钥匙，却又在"文革"中,被人抄走。那时,他把这些钥匙用布裹着,放进一个旧弹药箱,驻地的"造反派"以为这里面叮当作响的是子弹,在一个黑夜里把它们都抢了去,气得他好几夜都没睡好觉。

有人帮他粗略地统计了一下,他至今已经搜集的钥匙大约有千余种近万枚。其中有早自唐代的谷仓钥匙、晚至宾馆客房用的那种电子钥匙,还有纪念钥匙、城门钥匙、微型钥匙、饰品钥匙、名人钥匙等,除了中国的钥匙外,还有出自日本、美国、英国、法国、波兰、新加坡等国的钥匙和用途不同的火车门钥匙、坦克钥匙、轮船水手钥匙等等,小则以克计,大则以公斤算,让人看得眼花缭乱。

凡是爱好收藏的人都知道,想有收获必须有心。多年前,赵金志有一次去杭州疗养时游览了绍兴。大家都在一番参观活动后,休息的休息,

* 钥匙收藏家赵金志

上街采购的采购。这两个多小时的自由活动时间,赵金志照例去寻找修锁配钥匙的所在。在离鲁迅故居不远的地方正巧有一家修配锁匙的小店。赵金志站在小摊前,一盯就是好多时候,而且眼睛也在不停地"搜索"。店主开始觉得来人"不怀好心",怀疑有否"不良动机"。待赵金志说明来意后,店主倒也十分爽快,把所有的废旧钢钥匙都拿出来让他挑选。果然,在一大堆破铜中,赵金志觅得了两把钥匙,据摊主讲,这是鲁迅故居的铜钥匙。一把是门钥匙,另一把是箱子钥匙,这些都是从故居里修换下来的。赵金志还从一万多把钥匙中,经过精心挑选,反复校音,调试出"1234567i"音符,组成了奇妙无穷的"八音钥匙",成功地演奏了《东方红》等乐曲,为此他还应邀走进了中央电视台,吸引了无数的观众。一位台湾来的朋友曾向赵金志提出,原出高价买下"八音钥匙",赵金志婉言谢绝了。他说:"我不是为了赚钱而收藏钥匙的。"

这位执著的收藏家,曾在多处办博物馆,如今他又在一家茶馆办起了自己的钥匙博物馆,让更多的人来了解钥匙,来分享他的收藏乐趣。

古董家具收藏家李莉

某日,上海建国东路上的"壹号美术馆"内,人流熙攘、络绎不绝,人们无不被馆内展示的各式红木家具所折服。而在展厅的另一侧,一位师傅正在一块红木挡板上精镂细雕,其上的花纹图案已初具雏形。人们在感叹这位雕刻师傅娴熟的技法的同时,眼光又都盯上了堆在一旁的泰国大红酸子原木。这就是李莉女士筹划了许久的家具展开幕式的一幕。

李莉女士是上海市收藏协会副秘书长,是一位事业和收藏都颇有成就的企业家。她结缘红木家具，纯属一次偶然的机遇——由于喜欢而爱上了它。10年前的一天，她到上海著名的陶艺家、紫砂壶收藏家许四海家去看几尊佛像和瓷器，一番朋友间客套后，竟被眼前的一张老红木琴桌迷住了。这张琴桌为清作工，用料考究，做工精致，桌面攒框镶整块瘿木面板，花板镶黄杨木雕龙纹，左右两侧卷头雕饰凤鸟。也许是李莉对这张琴桌"一见钟情"之故，全然没有注意到琴桌旁还摆着的一对青花瓷瓶。最后当然还是把琴桌和青花瓷瓶、鎏金佛像一起"请"回了家。此张琴桌也就成了李莉收藏的第一件古董家具。其实，了解李莉的藏友都知道，李莉之所以对古董家具感兴趣，及至发展到后来一发不可收，究其原因，还在于她从小就已经在心里埋下了喜欢上传统家具的种子：她母亲结婚时买的那套柚木家具曾是她的挚爱；从同学家的那件红木梳妆台上，她感受到了红木家具的贵重，以及某种与她心灵相通的文化内涵。

* 古董家具收藏家李莉

当然，要收藏红木家具，并不是一件一蹴而就的事，它需要的不仅是自己文化素质的提高，对我们民族的古董家具文化都有一个系统的了解和理解，而且还应广交朋友，从朋友中汲取养料来丰富自己。多年来，李莉就是抱定这样一个理念，一方面购买了许多古董家具书籍自学，另一方面还经常同一些古董家具的朋友相聚，向他们讨教，相互交流。同时，为了方便朋友师长们有一个轻松休闲的环境喝茶聊天，她还把与客厅相连的厨房选配一大套红木家具。如此一布置，真还受益匪浅。有一次，她从朋友处听到上海有一家拍卖行要拍卖香港名媛宫雪花用过的一张红木美人榻，竟亲自前往竞拍，把它收入囊中。还有一次，她邀朋友来家小座，闲聊中，朋友的一席话竟使她买下来一套房子，用作古董家具陈列馆。除此之外，李莉还在陈列馆四壁挂名人书画、为多宝格配置了瓷器、玉器和其他古玩，以增强陈列馆的文化氛围，从而更加衬托出传统古董家具的内涵。来她家里做客，或者去她公司的朋友也就更轻松随意了。

但是，如果人们稍加注意的话，不难发现，在李莉的公司办公室，或者是她家里，还有经她一手置办的陈列馆里，甚至于厨房的橱柜面板，差不多都会有瘿木装饰的古董家具。这些用瘿木镶嵌的古董家具，或书桌、或茶几、或六角方凳，其上的瘿木，大多为酸子瘿，也有花梨瘿、楠木瘿等，虽然各具纹式，但却件件秀妍绮丽、自然成趣，有的像脸谱，有的似是而非，有的则像串串葡萄，从而更加衬托了这些古董家具的端庄、典雅。李莉的这种对自然美的心绪由此可见一斑。有朋友感到惊奇。李莉却会高兴地笑道："红木配上瘿木就是漂亮！这是传统工艺——老祖宗的审美观就是好！"

随着对古董家具收藏从量到质的转变，近年来，李莉又萌生了一个用企业养文化，从而推动企业发展的想法。

瓷杂收藏家姜奇

在收藏圈子里，若说起瓷杂收藏，这是一门杂而广的学问。它靠的不仅仅是藏家要有一双能辨别真伪新旧的眼力，而且还要有一种锲而不舍的探研精神。沪上瓷杂收藏家姜奇就是属于此类佼佼者。

姜奇是上海市收藏协会会员，正当壮年。说起他的收藏经历，还应追溯到他的家属史。早在清代康熙时，他的高祖父就从千里之外的山东来到上海行医，并在如今老城厢的小南门开了一家中药铺，取名"姜衍泽"，边行医边卖药，到他曾祖父时已攒下了不少家产。传到他祖父一辈时，由于抗战爆发，"姜衍泽"中药铺也毁于战火中。好在他曾祖父在经营药铺时对当时的"现玩"十分热衷，曾收藏了不少。于是他的祖父便靠着家中积蓄维持生计，直到后来变卖家产、古董。尽管如此，嗜酒如命的祖父对古董还是略知一二。待得姜奇——姜家的长孙长大后，耳闻目睹，也得到了熏陶。上世纪80年代初，姜奇辞职随赴日热潮去日本留学，几年后回国才开始了真正意义上的收藏。但他却抱定一个宗旨，即"搞收藏，除了收一些能看得懂的大路货外，更要收藏一些自己看不懂的东西，即便是缺腿少胳膊的残器，但前提是必须价格便宜；只有这样，才能逼迫自己去不断探研"。

那对血珀雕摆件就是一个明显的例证。那年一个寒风刺骨的凌晨，姜奇早早地就来到被人称为"鬼市"的大洋桥地摊市场。但见偌大的场子里，到处都是外地人设的地摊，虽有不少，但东西却很杂，这些都是他们白天穿巷走街收来的，大都价钱不贵，由此也就吸引了上海的一批淘宝者。这天，姜奇来得正是时候。也许是天气太阴冷的缘故，几盏路灯下的地摊只有一二人在寻觅，他便径直走到那里，蹲下身子，打开手电筒，慢慢地借着灯光照看起来。忽然，他发现在一堆杂七杂八的盒子里有两件象

雕件样的东西，就翻出来对着灯光细辨起来。雕件是一对小立象摆件，单只仅火柴盒般大小、大耳、长鼻、细牙、粗腿，极具功力，表面上看似黑乎乎、油腻腻的，但用手电光一照，内中却蕴含酱红色。当时，他怎么也看不懂这是用什么材质雕刻的小摆件，只是看到雕件工艺十分精巧，才以较低的价格买了下来。回家后差不多一个月内，他始终沉浸在探研此雕件的材质中，翻书籍、查资料、请教行家，最后才搞明白这对立象雕件是用血珀材质雕琢的。所谓血珀，也叫"瑿珀"，又称"瑿魄"，其形成的地质年代较之琥珀还要久。这对雕象材质正是人们常说的"千年密蜡，万年琥珀，亿年血珀"中的血珀，极其珍罕。

　　姜奇在平常淘宝时还十分注意收藏一些小东西了，比如各种材质的壶盖、各种形状的钥匙等等。这样的做法，不仅使他在淘宝中锻炼了眼力，而且还为他日后配置完整物、了解藏品的各种文化内涵打下了基础。三年前，他从地摊市场淘来一把缺了盖的紫砂冬瓜壶，系民国早年外销产品。根据他多年来对紫砂器的研究认为，此壶无论是砂质，壶身上的字与画，还是壶身上砵砂色，都具有明显的时代特征和艺术特色，倘若缺了壶盖,岂非可惜。于是姜奇找出多年前就收到的壶盖,试着为之匹配,想不到其中有一只壶盖与壶身的大小高低风格完全一致,就是纹饰和砂质也一样。如此看似不可思议的事,竟让姜奇在多年后如愿以偿。巧的是,最近他又以同样的方法,用10年前淘到的一把铜质空心小钥匙,打开了一只精巧玲珑的清代漆器梳妆盒。

人常说,一分耕耘一分收获,这或许就是姜奇之所以能获得成功的秘诀吧。

雨花石收藏家杜宝君

在全国收藏界,爱好或钟情于奇石收藏的人不少,而杜宝君就是其中的佼佼者。

杜宝君是上海市收藏协会名誉副会长。早在20世纪50年代她在静安区公安局担任外勤工作时,有一次出差去南京,在游玩雨花台时,偶尔见到五彩缤纷的雨花石,就一见钟情,情不自禁地开始了收藏。从此后,她每逢出差去南京必定会去雨花台,有时还竭力争取到南京出差。1986年初冬,她又去南京雨花台,竟蹲在摊位前的水盆里挑呀拣呀,一个多小时下来,冻僵了手指且不说,光这一次她就花了300多元。但她心里却是美滋滋的。几十年过去了,如今,她已拥有500多枚这样的宝贝疙瘩,而且在"玩"的过程中,还玩出了感情,玩出了文化,玩出了属于她和她老伴的雨花石收藏新境地!

这不,走进杜宝君的家庭收藏馆,迎面而见的是当年的百岁老人苏局仙为其题的"雨花斋"三字,为她的收藏馆平添了不少文化氛围。放眼看去,但见好几只陈列柜里都摆满了碗啊、盆啊、碟啊、盅啊等容器,差不多都盛有清水，簇拥着一枚枚色彩与纹理各具特色的雨花石。大者如碗，小者如豆，重者斤余，轻者一两尚欠。而且每枚藏石都有题名，或以各胜冠之，或以成语称谓，或以诗词佳句比喻。这种画龙点睛、锦上添花之命名，顿使每一枚雨花石充满了闲情雅趣，充满了灵气，给人以无穷的遐想。古人曾有欣赏雨花石可以"省登临之劳，极遨游之趣"，想来杜宝君是深谙其中真谛的。

人们都说，为雨花石命题是杜宝君的绝活，而且难得的是所谓"题以清名而贵之"。事实果真如此。比如，有一枚深棕色的雨花石，氛围深沉中尤似有一叶小舟泊于江边，杜宝君遂命名为"夜半钟声到客船"；有一枚黄白底色的黑纹雨花石，纹如振翅欲飞的知了，杜宝君就以骆宾王的"露重飞难进"题之；另一枚形如鸡蛋的雨花石，图案中尤似白衣包内一

* 雨花石收藏家杜宝君

只金黄色绒毛的雏鸡欲破壳而出，杜宝君便命名为"生命难禁千重束"。再比如，她用13枚雨花石组成毛泽东《沁园春》一词之意境的，把一枚色块如熊的雨花石命为"熊潜龙潭"的，把一枚纹路像似雁的命为"乡书何处达，归雁洛阳边"的。其次还有诸如"春江花月夜"、"漓江山水"、"四季寰宇"、"月点波心一颗珠"等等。更有甚者，有一枚雨花石其上的花纹图案酷似京剧花脸，它以黑色的眉、眼窝将面门、颧骨隔分为三，被杜宝君称其为"三块瓦脸"，其上之图案，与《长亭会》中的申包胥在《哭秦廷》中的老生应工和《将相和》中廉颇的脸谱十分相似，初看之下还以为是人工给勾画的呢。让人极为诧异的是还有一枚被杜宝君命之为"杜氏璧"的雨花石，此石浑身殷红剔透、晶莹如血，丝毫无点滴瑕疵，已被她命为"雨花斋"收藏馆的"镇馆之宝"。

这么些年来，杜宝君勤俭持家、节衣缩食，却把大部分收入都用在收藏雨花石上了。她的丈夫沈福顺近朱者赤，也帮着搞了起来，是所谓"妇唱夫随"吧，买石、选石、赏石、办展览、建个人收藏馆，一块儿忙得不亦乐乎。有人说，"顽石本无心，收藏却有情"。杜宝君之爱石，如果说是由最初的喜欢此石的斑斓晶莹、玲珑剔透的话，那么，她和她的老伴在玩石的同时，已经玩出了一个新的境界——因为雨花石象征着人之品格的坚贞绝俗，它毫无修饰，不掺虚假，虽经风风雨雨，然而本色犹在！这也正是杜宝君在众多的奇石收藏中，独爱雨花石的根本所在。

古灯收藏家李银伟

20年前，上海滩涌现出一位古灯收藏家，此人便是年近古稀的古灯收藏家李银伟，上海市收藏协会"海派收藏成就奖"获得者，人称

"老宁波"，一位普普通通的退休工人。他唯一的爱好，就是收藏了几十年的古灯。

走进老宁波的家，乍一看，就被满屋子的古灯迷住：博古架上摆着灯，房顶横梁上吊着灯，过道供桌上放着灯，连沙发茶几上也搁着一盏盏灯。有汉代的"陶豆灯"、宋代的"高脚灯"、元代的"双盘灯"、明代的"狮子台烛灯"、"荷花壶灯"、清代的"宫灯"、"书灯"。还有民国的"美孚灯"、"椅形灯"、"倒点灯"等等，形形色色，琳琅满目，给人一种置身于古灯博物馆的感觉。

老宁波收藏古灯源于他儿时：那时，每当夜幕降临，他心里总会产生一种莫名恐惧，母亲就会点起一盏灯，当灯光亮起，驱走了黑暗，也给他带来了心里的踏实。就这样，他走上古灯收藏之路。好在他家离藏宝楼不远，他经常到那里去"淘宝"，一"淘"就是大半天。尔后，骑着"老坦克"赶到协会，和藏友共同鉴别研究。有一回，他看到一盏宋代的油灯，造型品相都不错，心里欢喜，忍不住问了价钱，摊主开口80元，他却嫌贵。等他逛了一圈再回到那地摊时，却不见了宋灯，原来这盏宋灯已经倒了一手，在另一摊主面前摆着，开价500元。他懊丧不已，最终以400元买了下来。还有一次，他在"淘宝"时，被一天津人地摊上的东西吸引，横看竖看，总觉得和家中那盏谜样的灯有关，便将其买下，回家装上一试，珠联璧合，大灯泡亮起的熠熠光芒，足有15盏油灯的亮度，拔下开关，还可以调节明暗度，他赶紧擦干净，贴上标签，摆在最显眼的地方。老宁波省吃俭用，全部的工资，除了每月上缴给老伴用作日常生活费外，余下的全部用到了市场上。一次，他下班后，看看天色还早，竟糊里糊涂地走到了地摊市场上，看见两盏造型精致的宫灯，同摊主侃价后，化了500元买下，美滋滋地拎着赶回家，老伴伸手向他要"月规钿"，他一愣，这才猛然醒悟，被老伴好一顿唠叨。打这以后，老宁波学乖了，有事无事，总爱拉上老伴一起到市场去遛达。日子一久，老伴对他的"行为"也常常是睁一只眼闭一只眼，有时见老头子买"宝贝"还差几个钱，她也会爽快地付出来。

几十年的寻寻觅觅，老宁波的足迹遍布上海大大小小的地摊市场，也游遍了市区附近古镇中的古玩市场。功夫不负有心人，如今，老宁波家里已拥有近400盏古灯，上自春秋战国下至民国，历朝历代，千姿百态，珍品纷呈。有盏"胡人灯"，据说当年汉人同北方的胡人作战，汉人抓来俘虏，令其跪着扶灯，本是羞辱之意，后来人们就根据这种情景，制作出一种油灯，取名"胡人灯"。有一种黑釉的"勾栏灯"，远远望去像把大茶壶，可它却是古代娱乐场所的照明灯具，据说灯内一次能装5公斤油，可连续点燃几天几夜，堪称古灯中的"巨无霸"。

上世纪90年代末，老宁波在上海大世界举办了"97'大世界民间油灯展"后，又先后参加了多次展出，频频的亮相，使他的名气大响，一时间成了上海的新闻人物，香港"大公报"、"澳门日报"都先后用大篇幅加以介绍。已故著名书法家胡文遂在获知老宁波的收藏事迹后，挥笔写下"灯缘"二字，并配上镜框赠与他，福建书法家路漫先生也挥毫题书赠送他，顶

※ 古灯收藏家李银伟

端大书一个"灯"字,下方撰联"收藏十载,光照千秋"。

这诗的语言,正是"灯痴"老宁波为之孜孜不倦的写照。

老明信片收藏家李聪豪

李聪豪生于1931年,是上海市收藏协会"海派收藏成就奖"获得者。他是一位对绘画艺术情有独钟的收藏家,12岁就喜欢在纸上"鸦涂",特别是对国外的油画更是喜爱欣赏。因此,对国外的各类题材明信片涉及较多。20世纪50年代初,他开始正式收藏国内外早期的明信片。退休后,在不间断地整理、筛选、充实、提高的过程中,他的藏品日臻丰富,品种、题材进一步扩大。现在他已拥有新老明信片17.87万余枚,其中国内的10.95万枚,国外6.92万枚。而被圈内公认为珍品、极品的有百余枚(套),如有国内发行最早的清代"团龙戏珠"一次片、浦东陆家嘴地区100多年前荒芜凄凉的旧景明信片、上海最早的大世界旧址明信片、上海早期的跑马厅明信片等等。

收藏,是一种兴趣,也是一种机遇,更是一种学习的过程。李聪豪刚开始收集明信片时,由于只注重图案的美,致使一些珍品擦肩而过。一次在市场上见到"团龙戏珠"一次片时,因感觉画面太单调,不屑一顾。岂料,该片却是我国最早发行的首枚清代明信片,属珍稀品种。待他意识到时后悔莫及,最后出高价才从一藏友处让了一枚。他的不少藏品都是从国外的藏友手中觅来的。几年前的一个秋天,李聪豪照列到云洲地摊市场去寻宝。当他在一位摊主成堆的纸质品中翻寻明信片时,忽然听得旁边有位买主用闽南普通话问道:"上海图书馆出版的清代皇宫生活明信片什么价?"摊主开价25元。他听后吓了一跳,因为这套明信片在文庙最多只卖到4元,摊主显然在蒙外地人。于是动了侠义之心,说:"我送你一套!"说完拉着那人就走。就这样,结识了日本华裔于吉星。于先生在明信片收藏中颇有建树,平时为人又十分豪爽,从此,两人便成为忘年交。

2000年12月28日,李聪豪获得"收藏明信片上海大世界吉尼斯之最"殊荣后,便把目标瞄向了"世界之最"。为此,必须拥有一定数量的稀有品种,尤其是独一无二的极品。为了创造诸多的世界"独一无二",他几乎三天两头去市区各地摊市场,甚至托亲戚朋友在国外寻觅。有人劝他,年纪大了,获得"上海大世界吉尼斯之最"已经可以了。但他总是付之一笑,并说:"其实从少年时我就有志向,如今更是时不我待! 获得'大

* 老明信片收藏家李聪豪

世界吉尼斯之最'只是第一步,最终目标是'世界吉尼斯之最',这才是我毕生的愿望!"李聪豪是这样说的,也是这样做的。两年前,他的女婿从日本回上海,特意把托同学从欧洲带来的明信片送与老丈人。这200多枚都是极其珍贵的欧洲风光老油画和欧洲城市雕塑的明信片,其中不少还是凹凸版油画。在这些五光十色的明信片中,既有法国、英国、意大利等国的人物、动物、自然风光,以及历史题材如拿破仑战争场面的内容,又有欧洲15、16世纪城市建筑雕塑的画面,洋洋大观。友人于吉星从日本来沪时,见到这些明信片连声赞道:"真是稀有之物"!

人常说,百年无废纸。一枚枚看似普通的明信片,在常人眼里如同废纸一张,但在苦苦寻觅了近60年的李聪豪眼中,却是历史的记载。自从他2002年创办"李聪豪明信片藏馆"后,全国不少报刊、电台、电视台慕名前来采访报道。2005年,为庆祝上海档案馆外滩新馆落成,他参展的百年今昔明信片专题得到市领导及档案馆领导的高度评价,被誉为"上海独一无二的档案材料"。

李聪豪有另一个目标:在有生之年,编著一部中外明信片的图书。

古墨收藏家王毅

收藏家都有感人的故事。

上世纪90年代初,王毅出差北上,顺道去北京琉璃厂淘宝。这天下午,他挤进一家古玩调剂市场,忽见一人手握一锭古墨正待出售,仔细观看,墨正面书正楷"饮冰室用墨"五字,另一面有古汉字"曹素功督造,辛酉四月"字样,两面文字皆真泥金走笔,金光熠熠,惹人瞩目。他暗暗叫好:"这不是梁启超专用墨吗?"不及多想,便上前问价。但卖主的报价难住了他，此时他身上除了车费，食宿费外，仅剩下200多元。无奈之下，他脱下身上价值700元的新皮夹克和一块手表，方才换来那锭"饮冰室用墨"，高高兴兴地返回上海。两年前，有人欲出近万元求他转让，被他婉言谢绝。还有一次，他在东台路古玩市场看到一套五锭清道光年间出品的"睢阳五老图"徽墨，有"胡开文制"字样及印章，凭着他扎实的历史知识，知道"睢阳五老"是北宋仁宗时五位德高望重的退休官员，常聚会赋诗，民间称其五老之会。以此五老形象与其诗词入墨，一向被藏家看好。五锭墨均约长5至8公分，每一面塑一仙一书童立体全身像，另一面用泥金题诗，五锭墨书体不同，分正楷，行书，草书，隶书和小篆，书法精致，笔笔不苟。光绪乙未(1895)季春，名家李端遇曾题诗于墨单，诗云："千年丹篆证真传，一梦华胥话夙缘，紫馆金台肩共拍，奚须群毂始称仙。"徽墨而有名家墨单，极为罕见，摊主要价又甚高，王毅想到家中经济拮据，几次欲言又止。最后实在喜欢，便咬咬牙对摊主说："我只带200元，还是我一个月的工资，全部给你。"磨了半天，摊主才以朋友价半卖半送给了他。回到家中，他看到妻子，不免有些内疚，更不敢吐露买墨真情。妻子见丈夫躲躲闪闪，一再追问，王毅才和盘托出购墨一幕，并坦言道："这种古墨难得一见，可遇不可求。今天我若不买，明天成了别人囊中之物不说，假如流出境外，那更可惜。"

王毅是上海市收藏协会理事，他之所以对中国的徽墨情有独钟，几十年收藏锲而不舍。被人誉为"中国古徽墨收藏第一痴"。原因还在于他有一位知书达理，当年曾舞文弄墨的外婆，上世纪80年代初，他去乡下探望年已老迈的外婆，老人见了阔别多年的外孙，格外高兴，饭后取出8锭古墨交到他手里，语重心长地说："这是上好的徽墨，你要好好珍藏，研究学问。"他点头称是。其时，他早已被其中的二锭古墨吸引：一锭通体漱金，

画面为两山对峙，中间大波轩然，一尾鲤鱼作腾跃状；山上重重竹树，祥云缭绕，另一锭画面为峰峦幽邃，危栏高阁，林中两人对弈，天地两端鹤归鹿饮，烟云弥漫，静寂中犹如传来阵阵瀑布鸟鸣，让人顿生桃源之意。王毅自幼极喜习字，老人赠与的佳墨，自是爱不释手。就这样，他对徽墨产生了一种异样的情感，渐而步入了收藏生涯。

就这样，经过几十年不辞辛劳的寻觅，如今，他已拥有自清代以来各类题材，各种款式的徽墨1 000余锭，光清康熙至光绪年上品就有百余锭，其中多为清代四大墨家曹素功、汪近圣、汪节庵、胡开文监造的绝品，当然也有不少文人自制墨。每当夜深人静，摩挲品赏这些藏品时，王毅他常常不胜感慨地说："墨，不能言但能传情，它使我感受到了华夏文华的灿烂，古国文明的悠久，同时也使我感到作为一个炎黄子孙的骄傲！"

瓦雕收藏迷张彦坡

艺术贵于创新。当人们津津乐道于各类古玩收藏时，上海滩出了一位瓦雕收藏艺术家，他以老上海石库门为题材的瓦雕艺术，不仅创造性地拓展了古老的瓦雕艺术内涵，而且还赢得了媒体的广泛关注。此人便是上海市收藏协会会员张彦坡。

瓦雕，即是在瓦片上进行雕刻的艺术，通常多为浅浮雕。而瓦，是建筑用材，其形状按所需部位分别称板瓦、瓦当、滴水和筒瓦。我国的瓦雕艺术由来已久，早在秦汉时期就已经相当成熟了，秦代的瓦当俊巧秀丽，汉代的瓦当却丰富多彩。瓦当由于处在房檐部位，最容易引人注意，遂成为了装饰重点。在我国历史上，堪称最精致、最形象的瓦当纹饰当数汉代的"青龙、白虎、朱雀、玄武"浮雕四灵。汉曹植在《神龟赋》中曾说："嘉四灵之建德，各潜位乎一方，苍龙虬于东岳，白虎啸于西岗，玄武集于寒门，朱雀栖于南方"。

张彦坡打自少年时起，就由喜欢剪纸而走上了篆刻的道路。他参过军，进过工厂，但从没放下过手中刻刀。自从他被某公司买断后，除了给人家做销售，业余时间便一头扎进了瓦片堆里。先是收藏瓦片，之后，竟萌发了自己动手雕刻的念头，但选取什么题材呢？这使他颇费心思。有一天，他在外出办事时路过新天地，偶尔见到石库门，想不到这些石库门上的门楣，竟深深地吸引了他，仔细一数，花样纹饰竟有18种之多，而且各具特色，既漂亮又精致。看到这些古色古香的、带有老上海风情的石库门建筑，想到连这样的石库门都将湮没在上海城市建设的大潮中，心中感到阵阵隐痛。回家后，他买了照相机，第二天又匆匆赶到新天地，把那里的石库门连同门楣全部拍摄下来，然后再丈量尺寸。之后，他又化了几年时间，骑着自行车跑遍了上海几乎所有有石库门的地方，足迹遍及一大会址、二大会址、三大会址，甚至还有秋瑾、鲁迅、茅盾、郁达夫、张大千、徐志摩等名人故居，经过不辞辛劳的奔波，到目前他已拥有了3 000余份石库门（包括门楣）资料，其种类甚至是上海档案馆馆内收藏的数倍。

　　说起他在拍摄、丈量石库门时的情景，不乏令人感慨的故事。多年前，他听说杨浦区有一个地块在拆迁，那里的石库门建筑虽没有新天地石库门精致典雅，但毕竟也属于昔日老上海的一道风景线。当他匆匆赶到

＊瓦雕收藏迷张彦坡

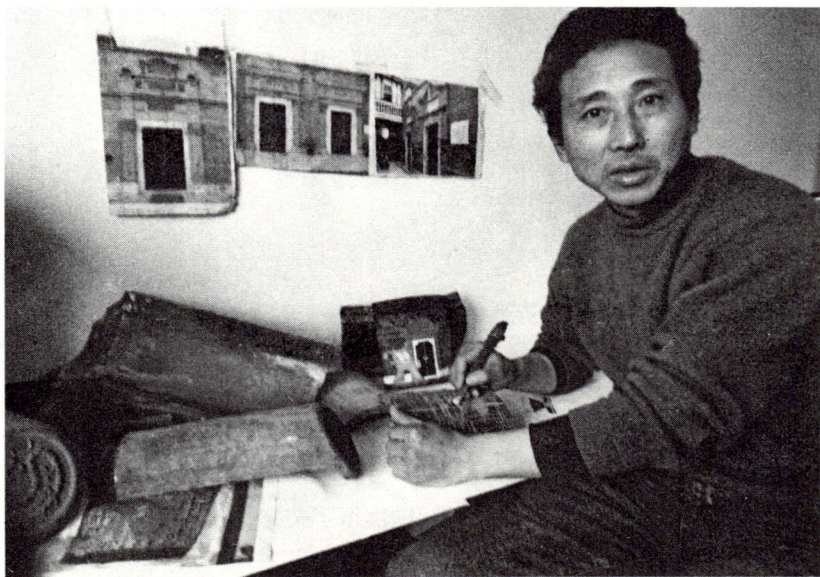

那里,并开始拍照、丈量尺寸时,不知怎地走来一男一女两位老人,把他当成媒体的记者,不由分说,就拦住他叙述起动迁组的种种不是,还拉着他的衣服说是去他们家里看看。张彦坡初时还以为人家不让照相,正想同他们解释,但当他一见到二位老人真挚诚恳的神态时,心中不免产生了同情心,于是,跟着二位老人来到他们家中,静心地聆听他们的苦衷,临离开时才愧疚地告诉他们,自己只是一位瓦雕收藏爱好者,因为上海的石库门很能体现老上海风情,所以想拍下来回去雕刻。二位老人这才知道来人的身份,忙不迭地说对不起。

张彦坡是一个平凡的艺术爱好者,经过多年来的不断探索、追求,使他成为独自一家的另类收藏家。《新民晚报》的"上海人家"以整版的篇幅,报道了他在瓦片上铭刻石库门风情的消息。面对社会的承认,张彦坡对笔者说了这样一句含义深刻的话:"尽管我化了几年时间进行瓦雕创作收藏,但是我还真不希望有一天,大家只能从我的作品里去寻找老上海的美好回忆"。

这是他对自己的鞭策,也是对社会的期望!

微琴制作怪才黄跟宝

2005年6月27日,是黄跟宝终生难忘的一天,就在这天他捧回了"上海市工艺美术大师"的大红证书,成了由国家正式命名的新一代工艺美术大师。他双手微微颤抖,但谁又能想象,这双粗短而又锉刀般的双手,竟能制作出如此精巧细致的、只有蚕头大小的微型提琴,并以突破吉尼斯世界纪录而再次创造了世界之最,为祖国赢得了荣誉,也达到了自己的奋斗目标。

黄跟宝是上海市收藏协会工艺部主任。他从小就酷爱乐器艺术,许是受到父辈天天拉京胡的影响,也极想拥有一把京胡,但是,贫寒的家境又不容许,于是,偷偷用家里竹椅子做成了一把,模样虽然难看,居然也能像模像样拉出调门,邻里们因此常常来向他借用。15岁那年,他揣着卷尺,三天两头朝乐器店里跑,对着玻璃橱窗里的提琴量尺寸,不久又做出了一把小提琴,可惜竟将腮托放在了琴的右侧。中学毕业后,他有幸进入了江苏省歌舞团,当了两年小提琴手兼修乐器。渐渐地熟悉了中西乐器的性能与构造。上世纪70年代中期,有位法国人在上海博物馆举办乐器展,他竟像着迷似的,一天几次朝那里跑。他在这个展览中受到了启发:既然自己没有条件制作那些大家伙,何不把微缩技术引入到这个领域?从此,他的居室里多了一张狭长工作台,台上摆着土制的平床、钻床、台钳以及锯子、刀斧、锉刀、砂皮、胶水、油漆,像一个苦行僧,每天晚饭后,便钻到这里,画图纸、量尺寸、锯木料、粘胶水,熬过了一个又一个夜晚。

　　为了能使粗短的手指更加灵活适应微琴制作的需要,他找来故宫漱芳斋大博古架的尺寸,按100∶1的比例缩小,整整做了一个月,然后,把壶、匜、觥、古瓶等摆满空格,仿制得惟妙惟肖,令人叫绝。同时,他又制作一套微型明清红木家具,有桌、有椅、更有橱,桌椅的边角满是雕花,且纹饰清晰,线条流畅,桌面和椅背上的大理石,是浓淡相宜的灰白云纹,如悠悠白云,缭绕在群山之中,远看极像一幅绝妙的微缩山水画。从中,他获得了微琴制作的绝巧。

　　功夫不负有心人。黄跟宝凭着超人的毅力和智慧,创造出一个又一个奇迹,引起人们的注目。1990年初,在北京举办的《中国首届工艺美术品及名艺人佳品展》上,一把完全按照意大利古典制琴大师斯特拉里瓦里名琴样式的微型小提琴,打破了1988年版的《吉尼斯世界之最大全》的7.62厘米记录,引得评委与专家们连连赞叹。不久,他又将最新记录推进到1.98厘米。1990年版的《吉尼斯世界之最大全》的这项记录是2.38厘米,但它同黄跟宝制作的微琴相比,还差0.4厘米。这件以800∶1的比例精心制作的微型高级镶嵌小提琴,完全仿真,用色木做的侧板、背板、琴头,用松木做面板,用乌木做指板,面板薄不足20丝,琴身斑纹清晰,琴马玲珑剔透,用只有火柴梗四分之一粗细的琴弓,照样可以在那4根仅2.5丝的琴弦上拉出标准音阶,且悦耳动听。

　　20多年过去了,忙忙碌碌中,黄跟宝制作的微型仿真乐器,洋洋洒洒,已有了200多把,其中民族乐器有50多种,西洋乐器有20多种,有月琴、三弦、扬琴、古琴,也有马头琴、冬不拉、艾捷克,更有小提琴、中提琴、大提琴等,千姿百态,绚丽多彩,将黄跟宝原本不大的居室装点成一座古今中外的乐器博物馆,同时使我们文中的主人公捧了一个又一个荣誉。但黄跟宝深知,微琴制作,是一门极为复杂又极为深奥的学科,只有提高自己的音乐修养，才能完全胜任，因而他利用业余时间自费到上海音乐学院进修，并刻苦钻研中国的民族乐器演变的历史。

艺术是无止境的，但黄跟宝没有停留在成就的"功劳簿"上，就在笔者采访他时，这位貌不惊人的中年汉子，扳着粗壮的手指，悄悄地告诉我，他将再用10年的时间，做齐中国的民族乐器与西洋乐器的品种。我相信，他将能三次、四次，更多次地打破《世界吉尼斯之最》记录。

戏单收藏家陈云伟

海派收藏当真是五花八门样样都有，除了传统的收藏品如陶瓷青铜字画外，戏单收藏可能属于另类。陈云伟就是其中的佼佼者。

陈云伟是上海市收藏协会理事，更是一位从戏迷步入收藏，继而研究传统戏曲文化的戏单收藏家，目前已拥有60余剧种、2万多张的大小戏单，从清代宣统年到改革开放期间首次来沪演出的波士顿交响乐，从"文革"中八大样板戏到著名的男高音歌唱家帕瓦罗蒂的演出，从民间地方戏到大剧院豪华演出，林林总总，无"单"不有，有的甚至还极为珍罕。比如"文滨剧团"于1937年7月2日在中央、恩派亚上演的《绿窗花泠》戏单，晚清期间"富连成"社世家班在北京广和楼戏院的木刻戏单，民国时期一代京剧大师周信芳主演《明末遗恨》戏单，还有著名京剧演员尚小云在吉祥戏院演出《北国佳人》戏单等等，名目繁多，堪称藏界的"龙头老大"。

其实，早在年轻时陈云伟就是沪上各演出剧场的常客了，中国的戏曲、话剧、京剧，甚至于国外的芭蕾舞、交响乐等，他总是"有戏必看"。如果称其为"票友"也并不为过。虽是如此，但他真正萌发收藏戏单的念头，却纯属偶然。那年，他成家时在家里整理房间，偶尔发现书中夹着的戏单竟有300余张。这个无意中积攒下来的收获，便是他以后有意识步入收藏的基础。之后，随着戏单收藏的日益增多，他对中国戏曲萌发了想探研的念头，特别是戏单从无到有，从手写到石印，从简单到花样百出的发展过程。因此，他在收藏的同时还经常写一些有感而发的小文章，有的发表在《新民晚报》，有的则装订成册，以备需要。久而久之，渐渐地形成了他对中国戏曲的独特见解。2007年，他应邀赴上海京剧院，作了"如何增强京剧的影响力"的演讲，不仅得到了许多专业演员的好评，而且还被该院的领导和专家赞其为"不可多得的人才"。

当然，这些演讲时的独特见解，主要得益于他多年来的戏单收藏和对戏曲理论的研究。但要收藏这些平时并不引人注意的戏单，有时也化大力气的。有一次，他到北京出差，得知首都剧场正在上演话剧《李白》，便兴冲冲地赶去买了份说明书，里面还夹着一份《人艺之友》小报，有一则消息说北京人艺有位演员爱收戏单。他见了后就去找那演员，两人后来成了朋友。正是结交了这位朋友，才使他意外地得到了一份"北京人艺成立四十周年演出"的《茶馆》戏单。不仅如此，此戏单的最珍贵处还在于戏单上有于是之、蓝天野等全体剧组人员的签名，据说当时仅签了三份。

自从担任了恒嘉实业公司老总后，陈云伟有了一定的经济基础，他更加"痴迷"于戏单收藏了，为了收寻到自己喜爱的戏单，他还经常在晚上应酬时玩"突然失踪"游戏，悄悄溜进剧场看戏，一二小时后才揣着一份戏单回来。几年前，他在获悉美国著名的费城交响乐团来沪演出的消息后，想到这种机会是十分难得的，更何况交响乐团的演出说明书，便抽空去买了张票。且使他想不到的是，傍晚时分突然来了几位朋友。无奈之下，他又是应酬，又是准备晚宴。席间，大家才酒过一巡，他

突然起身向大家打了声招呼便匆匆离开了。两个小时后，他才怀揣说明书急急赶来，又是忙不迭地向大家打招呼。朋友们当然也理解主人的业余爱好。

　　陈云伟的戏单收藏得到媒体广泛宣传后，名气更响了。他不但更深入地研究戏曲理论，用以充实自己，而且他还以戏单会友，相继收藏了北京人艺副院长于是之、原文化部副部长英若诚等近200名著名导演、艺术家、指挥家在自己演出的戏单上签名，还与来沪演出的北京人艺"鸟人"剧组部分演员交流他收藏的话剧戏单，"昆曲泰斗"俞振飞在听了友人介绍后，欣然挥毫"金缕曲"墨宝相赠，著名画家吴青霞则题书"陈云伟戏单收藏"。

"造型艺术家"彭天皿

在上海滩,称彭天皿为藏界的"造型艺术家",一点都不夸张。倘若你走进他家,立刻就会被他收藏的满屋子形态各异、充满雅趣的造型艺术品所吸引。在那些藏品中,既有如"松鼠"、"天狗,""飞天"等根雕类艺术品,又有如"龙凤呈祥"、"龟兔赛跑"、"神仙眼"、"鱼头"等观赏石、化石类艺术品。这些林林总总的天然造型物,在彭老的悉心照管下,都呈现出一种生命的活力,情趣盎然。

彭天皿之所以对大自然中天然形成的各种造型情有独钟,这同他退休前的工作有关。彭老原先是从事总体陈列美术设计创作工作的,长期钻研造型艺术,对海内外的名人纪念馆、博物馆以及各种永久性展馆曾作过数百次甚至上千次的艺术设计,深得同行好评。上世纪50年代初,他凭着敏锐的艺术眼光与独特的审美情趣,以及从年轻时就立志造型艺术的宏愿,开始了对天然造型艺术品的投资、收藏与研究。60岁后,他又从事天然水墨画的创作,这使他的慧眼更加独到、更加锐利。同时,他的天然艺术品收藏经过不断筛选,也越发出类拔萃。其中,被人们公认为有高昂艺术价值的有百件之多。如被称为"神仙眼"的玛瑙雨花石,有充满动物情趣的"龟兔赛跑"等。有一件被称为"鱼头"的藏品,据考证,是1 000多年以来由牡蛎形成的天然物,因历史久远,也就更显珍贵了。

在彭老几十年的收藏生涯中,时常会发生一些有趣的事。比如玛瑙雨花石"神仙眼",他童心大发时竟故意拍张照片并放大,请眼科医生检查,医生们都误认为其中的视网膜外观同真人的眼球毫无差异,却不相信这是一张雨花石照片。这件事一时被收藏界传为美谈。好多年前,彭老在吃毛蚶时咬到一块硬东西,取出一看,是一颗小珍珠,经自然博物馆专家鉴定后,他作了"毛蚶中的小珍珠如何形成"的说明。这对生物界中的

* "造型艺术家"彭天皿

贝类研究是很有价值的。

　　彭老还经常到花鸟市场去闲逛，偶尔也能觅到一些他认为能够"开发"的天然造型物。比如原南京西路上的奇石古玩市场、江阴路上的花鸟市场，要不就深入到农村、山区。人们常说他与天然造型物有缘，他只是淡淡一笑："搞收藏，同天然造型物有缘，这是说说而已；关键是你要有一种慧眼独具的灵感。说到底，还是个人文化修养一问题"。彭老说得很坦率。有一件事颇能说明这个问题。那是一个星期天的上午，彭老来到江阴路花鸟市场闲逛，一眼就相中了一块石头。他仔细端详后，认定此石肯定是块奇石，遂买下运回了家。经过认真的清理后，一件天然的"龙凤呈祥"造型石活灵活现地出现在眼前。此"龙凤呈祥"左为龙，右为凤，正暗合了人们常说的"男左女右"习俗。更令人惊奇的是，奇石上的颜色精彩，透露出一种玲珑高贵之气。褚红色的眼睛镶嵌其间，十分显眼逼真，淡灰色的龙身包浆十足，显示其年代的久远。而凤的造型则是昂首向天，显示不同凡响的气韵，头部和身体部分都是淡青色，凤眼呈斑点，青灰色。乍看之下，让人有种此凤在脉脉含情中少了点温柔的感觉。当初，此石混在一堆乱石中，从安徽运抵上海，摊主也只把它当成一般石头搁置一旁。没想到经彭老这样的高手一摆弄，竟化腐朽为神奇，顿使此石有了灵性。难怪当初台湾鉴赏家蒋益功先生在观赏了"龙凤呈祥"后，连呼"好石！奇石"！

　　人说，藏海学问深，功夫不负人。几十年的寻寻觅觅，才有了今天的成绩。如今，彭老的各类藏品已不下400余种。自他1987年创办"彭天皿天然造型艺术馆"后，各地的媒体纷纷慕名前来采访报道。收藏界的一些朋友更是常来他家拜访，明是拜访，实是来讨教彭老独具慧眼的本领。其实，这种本领岂是一朝一夕形成的！大自然中有着取之不尽的浑然天成艺术珍品，问题是你如何去发现，将它的艺术观赏价值挖掘出来。

赏石收藏家沈丽雅

"石道天人精气合,尚法自然意趣浓,金诚不渝历心路,典博品茗乐其中"。这是沪上赏石家沈丽雅女士多年来遨游在赏石文化中的心灵写照,从中也让人感受到了她藏石、赏石、论石之情操。走进她设立在老城厢福佑路上一幢房子的"石尚金典"文化艺术馆,迎门而立的是一张琴桌,上面陈列着一方"旋"的奇石,其上一圈圈像大河中激烈旋转的漩涡,漩涡中心有引力般的石洞,完全是天成自然,仿佛是大自然以其无与伦比的神力把这自然现象定格在石上,寓含着人们对宇宙、对生活乃至对人生的一种哲理。馆内的玻璃立柜和矮柜里,更陈列着形形式式、各具形制的赏石,什么"七彩人生"戈壁彩碧玉,"关山如铁"戈壁碧玉石,什么"古钱留痕"化石,"雏菊点点"、"晶莹"戈壁玛瑙石等等。内涵丰富,名目繁多,似乎每一块石头都被藏石者恰到好处地赋予了新的生命、新的文化内涵。

沈丽雅女士从最初的喜欢和无意识,到如今的有系统、有规模地收藏赏石,算算也有40多年了。早在年轻的时候,由于受学校和父母的文化熏陶,她便对传统文化产生了兴趣。读初中时,她父母的战友从南京带回来几枚雨花石,其中一枚泛着点点桃红的雨花石,不知怎的竟让她想起了革命先烈血洒雨花台的故事。尽管此石远不及她后来收藏的雨花石质地好,但仍被她深藏闺阁,毕竟此石也算是她的启蒙老师了。"文革"中,她的父母受到冲击,她也作为走资派子女到了崇明,背对天、脸朝地地接受"贫下中农"再教育,再也见不到她心爱的藏品了。"文革"结束后,她又开始了重新收藏。逛花鸟市场、去仪征、走六合,艰难地寻觅自己中意的雨花石,南京地区凡产雨花石的地方几乎都留下了她的足迹。

上世纪90年代后期,沈丽雅又痴迷上了其他赏石,特别是新疆和内蒙的戈壁石。因为她感到，中华民族之文化实在太博大精深了，而其中的赏石文化更是集多种文化知识、生活哲学于一体。有一年春节前夕，她到江阴路花鸟市场觅宝时"忽悠"了石商一次，岂料从此以后，她再也买不到那位石商留给她的好东西了。这件事对她来说无疑是一次深刻的教训。打这以后，她只要有机会，不仅经常为这些外地来沪的石商提供生活上的帮助和便利，而且即便要买他（她）们的石头，也是价格公道，一切随缘。长此以往，她尝到了甜头，也交上了真正的石商朋友。有一次，一位内蒙古的石商知道她属牛，特地从产地带来一块形似"初生牛犊"的戈壁象形石送给她，这让她感动了好久。由此，她感悟到"要收藏，就必须先要学会做人！"这样一个道理。

* 赏石收藏家沈丽雅

几年前，"石尚金典"文化艺术馆开馆后，她便经常性地邀请朋友来此小坐，边品茗边聊天边欣赏，从中汲取养料，充实自己。有一次，她淘来一对外蒙古彩碧玉，几位圈外的朋友慕名前来参观，看了后均觉得这对彩碧玉色彩异常美丽，其中一人竟叹道："想不到石头里也有唐三彩"。这句看似极平常的俏皮话顿使沈丽雅如醍醐灌顶，朋友们走后，她便坐下来凝神久思，并根据石头的形姿，把色彩较绚丽的一块取名"七彩人生"，色彩较苍劲的一块冠名为"关山如铁"，并专门配置了底座，陈列在她的"石尚金典"艺术馆里。之后，她仿佛意犹未尽，又把三块不同色彩的赏石，组合取名为"福、禄、寿"。迎奥运期间，她因感慨于中国人申奥历程的艰辛，从所有的藏品中找到三块形似鸟巢、圣火台、北京猿人的赏石，组合题名为"北京人迎奥运"，参加中福古玩城赏石盆景展，表达了一个收藏家对祖国第一次举办奥运盛会的拳拳之心。

　　沈丽雅已开始收集、整理材料，以便今后撰写一本关于戈壁石收藏的专著。她说："我搞收藏这么多年了，如今已至花甲之年，凡事总的对自己有个交代吧！"

老上海收藏家彭学伟

　　彭学伟是上海市收藏协会会员，人称"阿彭"，从事老上海收藏多年，目前居住在一套三室一厅大楼公寓的底层。令人诧异的是，他那偌大的居室里竟被分隔成好几个收藏角，有旅游纪念品专题、红色收藏品专题，也有日本民族风情专题，其中尤数老上海专题最引人注目——人们可以从那些落满历史尘埃的器物中，浓浓地感受到昔日上海滩繁华的历史风云、文化底蕴和昔日气息，比如，绘有异国情调的过滤饮水器、铁铸的人体地磅秤、手摇缝纫机、冰激凌铁筒、狗头牌袜子、包装盒、上海中国赛马会比赛出入证章、大新公司开幕纪念宣传画、永安公司化妆小镜子、大英牌铁铸香炉、施德之药房世界大地图，还有老式火熨斗、老式手风琴、老式收音机、老式唱机等等。

"阿彭"，是一位从农场过来的汉子，至今在他的身上，仍保留着当年"战天斗地"的烙印，更多的是他性格上的执着与朴实。但他回城后，看到儿时熟悉的城市，正迅速变成陌生。于是，他萌发了收藏"老上海"的念头。他一直留心收集与老上海有关的历史遗物，特别是足以能代表老上海历史的南京路各大商店的实物，每发现一件，他都如获至宝，想尽办法要把它买下来，上海的藏宝楼、东台路、云洲等古玩地摊市场到处都留

* 老上海收藏家彭学伟

有他的足迹。2002年秋天的一个星期天,他去老城厢的藏宝楼"淘宝",无意中在二楼的一个摊位上发现一件像铁皮箱的器物,上面有拎环,门可打开,还可以清楚地看见里面的机械结构。他不知道此为何物。问了后才恍然大悟,原来这是件从美国进口的电影放映机,已有80多年的历史了。这对阿彭来说,无疑具有很大的吸引力。但当时他还有些怀疑。待买回家后查看了资料,才证实那位摊主没骗他。为此,他兴奋了好久,每逢参展,他都把它作为精品展示出来,让人们一睹中国电影发展史的有力见证。

功夫不负有心人。如今,阿彭已收集到老上海历史遗存一千余件,可分日用品、工艺品、广告、民俗与娱乐等大类。在众多的老上海藏品中,阿彭最得意的是一只"乐源昌"搪瓷盖黄铜质的煤油炉与一件英国的铁铸老式取暖炉。煤油炉是宁波铜匠乐嗣基开办的"乐源昌"铜锡号制作的,造型别致,工艺精湛。炉盖为绿色搪瓷,调节炉芯的手柄上还印着"上海"二字,炉门两侧分别刻有"英大马路,乐源昌造;特别油炉,中外驰名"简单广告语。英国产铁铸取暖炉,造型粗犷,坚固耐用,在当时还被殷富人家视为地道的现代化用品呢。它采用的技术是中国古代走马灯的原理,使用时只要通上电,取暖炉还能产生火苗熠熠的效果,温暖之极,较之西方门洞式壁炉还要方便合理的多。

2004年初,彭学伟收藏的部分老上海藏品参加了上海老城厢地区新落成的钱业公所展览后,2005年7月,又在上海市收藏协会的操办下,在上海文庙举行了"彭学伟老上海藏品展",一时,名声大作,各大媒体纷纷对他的事迹采访报道,彭学伟也由此成为了上海滩专集老上海遗存的佼佼者。对此,彭学伟既焦虑又高兴。焦虑的是,媒体这么一宣传,对他今后收集老上海遗存也就更难了。高兴的是,他的收藏得到了社会的肯定。"阿彭"还有一个理想,要建一座"百年老上海展览馆"。

古茶器收藏家杨育新

"北有荣宝斋，南有汲古斋"，被上海收藏界誉之为"北荣南汲"的汲古斋，而今又成立起博物馆。2005年12月16日，地处上海老城隍庙一侧的汲古斋门口，鞭炮震天，花篮簇拥，"杨育新中国古茶器博物馆"隆重揭牌，成为了由上海市文管部门批准正式成立的第五家民间私人博物馆。

杨育新是上海市收藏协会理事，汲古斋总经理。今年54岁的他，从小就酷爱传统的书画艺术，但那时命运多舛，还在15岁时，就随他读中专的哥哥离开父母，离开故乡，上山下乡到了北大荒。然而，北大荒那冰刀雪剑的严酷环境，并没有削弱他对中华五千年传统文化的执着追求，多少个夜晚秉烛而读，唐诗宋词，中外名著，他都如饥似渴地汲取，并能发挥应用。这种对中国传统文化超强的感悟力，为他日后创办汲古斋，创办中国古茶器博物馆打下了厚实的基础。返城后，进入煤气公司，得到领导器重，在担任工会干部期间，他念念不忘的还是中国的传统文化，故而组织起集邮协会、书画协会、足球协会，并自任秘书长。1992年，领导让他带领一批富余人员搞三产，他在一无资金，二无场地的情况下，借当时福佑路古玩市场附近一间15平方米的店面，第一次办起了画廊，并请著名画家唐云题了"汲古斋"店名，从此开始了经营书画，探索民族文化的生涯。一晃十多年过去了，汲古斋已发展成占地1 000平方米的大店，成为了老城隍庙地区一道亮丽的风景线，名家名人荟萃，堪与北京的荣宝斋相比。

自杨育新结识了上海博物馆研究员、著名书画家孙仲威后，两人一见如故，经常在一起谈古论今，把壶言壶。一个是为匡正民族茶文化历史的使者，已收集了100多件中国古茶器，在深入研究；一个是以探寻企业文化为己任的儒商与收藏家，对朋友的举措深有同感，于是，两人一拍即合。

久而久之，两人成了莫逆之交。再后来，年迈的孙仲威先生将自己一辈子的收藏结晶整体地转让给这位"汲古斋"老总。"我能拥有这些古茶器，承传前人的智慧，值得。"杨育新如是说。

　　杨育新创办"中国古茶器博物馆"在6次迁址后，才终于在汲古斋生了根。如今，当人们步入汲古斋二楼，迎面扑来的便是一股浓浓的文化氛围，首先映入眼帘的是程十发先生题的"中国古茶器博物馆"匾额，字体苍劲、古朴。50平方米左右的展馆内，靠墙而排的是12只仿明式红木立柜，还有一件2平方米左右的平面橱，里面陈列的120余件各个朝代的古茶器，大多来自孙仲威的旧藏，也有不少来自收藏家和社会著名人士的捐赠，上自春秋战国，下至明清两代，绵亘两千多年，有春秋的匜，战国的碾钵，汉代的灸鼎，晋代的茶槅，也有唐代的青铜扬勺，宋代的茶罐，更有元

代的茶碗，明代的茶碾，林林总总，洋洋洒洒。材质从银、铜、铁到陶瓷，几乎囊括了中国古茶器的全部形制。平面橱上方还张贴一幅图文并茂的古茶器探微图，有茶臼、五管瓶、铁碾、青铜扬勺和药茶橱。这些图解，这些古茶器，再配以从"神农氏尝百草，日遇七十二毒，得茶而解之"到陆羽制茶、烹茶、饮茶、储茶的一幅幅精美的国画，相映生辉，能让人在不知不觉中仿佛置身于古人谈茶论道的茶文化氛围中。

前不久，原外交部副部长，中国驻日大使王毅看到有关新闻，趁来上海的机会，特地带着夫人来到博物馆考察。事后，他对杨育新说，上海城隍庙地区是世界著名旅游胜地，日本游客一定会来此观光……希望你再丰富一些展品，对日本游客认识中国的茶文化历史渊源有更多帮助。是啊，这是对杨育新的鞭策，也是对他古茶器博物馆的肯定！

紫砂壶收藏家吴士保

有位在吴士保家庭博物馆参观的收藏者，见到墙上挂着的一幅"壶之宝馆"匾额时，不禁哑然失笑，说馆名取自己姓名的谐音，这在上海众多的家庭博物馆中首屈一指，确有不凡创意。其实，吴士保岂止是取之他名讳的谐音，更多的是他早已把收藏与研究紫砂壶当成了生命的另一半。

这间家庭博物馆，靠墙的几面排放着仿红木架子，那些古韵迥异，琳琅满目的紫砂壶与紫砂器摆满了架子上每一层空间，有明代沈君用的"紫园茄子壶"，也有清代黄玉麟的"土龙六方竹捆壶"，更有近现代制壶名家如冯桂林、顾景舟、任淦庭、徐汉棠、汪寅仙等各种紫砂壶、紫砂器，林林总总，共700余件。其中有把"提梁壶"，是明初制壶的作品，距今已有400

多年。此壶砂质粗杂，但造型大气，具有粗犷古朴的美感，可谓稀世之宝，是"壶之宝馆"的镇馆之宝。一把清初"珐琅彩龙凤梨型壶"，底款铭"宫廷"及"内廷御品"字样，却是吴士保几经周折，才从江西某小镇觅来的。还有一把明代"白砂平盖扁圆壶"，底款铭"镇江昭隆禅寺方丈乘义法师"十二字，笔笔铁划，据说当年为乘义方丈所用之物，不知何故流落民间。为这把壶，吴士保曾九下镇江，从旧货市场挖来的。

由于工作关系，吴士保经常要出差，他的足迹几乎走遍了全国各主要城市的古玩地摊市场，光江苏的宜兴，他就往来不下百次。那年冬天，他又出差江苏，晚上闲的无聊，便同宾馆的小姐聊天，结果从一位小姐那里了解到距宾馆十几里路的一个村庄里，有位老者藏有一把清代邵正来的"水平圆壶"想要出让。他当下便叫车直奔那村庄，好不容易找到老者家时，天下起了雨夹雪。老者见他冒雨求壶，答应出让，但却提出条件：需带走另外五把壶，价格每把是200元。吴士保满口答应，当场付了钱，把六把壶包扎妥当，不料外面已无车可租，他只得顶雨冒雪，徒步回到宾馆，为此还生了一场病。几年前，他在外地一家文物商店见到一把清代陈鸣远制作的紫砂壶，可价钱偏高，他想再兜兜看看，想不到一圈下来再回到文物商店时，那把壶已被人买走。此后的日子里，心里常常惦念着这把壶。半年后，他出差至杭州，竟又意外地发现了另一把陈鸣远制作的"马上封侯"壶。整把壶的造型是截树桩，上有虬枝绿叶，马为壶纽，枝为壶把。一只活泼可爱的猴子正在攀登。较前次见到的陈鸣远作品还要构思独特新颖，心里高兴，赶紧掏钱买了下来。

几十年的收藏生涯，使吴士保的藏品日渐丰富，明代的、清代的、民国的、现代的、各个时期的紫砂作品几乎都拥有。款式也多姿多彩，提梁壶、竹节壶、方壶、扁壶、圆壶等应有尽有。可以这么说，"壶之宝馆"里的每一件藏品，都记载着吴士保的千辛万苦，以及他对我国紫砂文化的探索与

* 紫砂壶收藏家吴士保

研究。久而久之，朋友给他取了个雅号叫"壶痴"，他也乐意接受，并认认真真地干起了一系列"傻事"：参加区政协委员举办的个人收藏展，在各收藏展中展示的自己的藏品，被上海有线电视台和区有线电视台拍成个人收藏的特辑播出。频频的亮相，使吴士保的名气大震，他的事迹还被选进了《二十世纪国际文化大系》；《中华收藏名家大典》；《世界名人录》等专著。

几年前，他花不少心血撰写了专著《壶之宝——紫砂鉴定要诀及馆藏精品鉴赏》。吴士保颇有感慨地说："这本书的出版，是对自己几十年收藏与研究的总结。我国的紫砂文化历史悠久，研究它就是研究历史，弘扬民族文化。

古玉收藏家李倬

上海滩有不少古玉收藏爱好者，但有悟性，且能在赝品泛滥的今天独具慧眼的人恐怕就不多了，而李倬便是其中之一。走进李倬的古玉收藏馆，首先映入人们眼帘的便是斗大的匾额，上书"玉丽润德"，字体遒劲，有力，这是现任中国收藏家协会会长阎振堂先生的墨宝。浏览整个收藏馆，有的古玉被摆在红木博古橱里，配上红木底座，显得既珍贵又典雅。有的则被他锁进红木橱，全是一些西周至战国时期的小件玉器，如琮、璧、圭、璜、琥、璋礼器类和少许兵器。有些古玉器还颇为精致，比如战国的"金包玉玉匣"、"西汉的白玉辟邪"、"清乾隆白玉象耳诗文山水双耳瓶"、"清雍正碧玉龙纹百宝箱"等等。整个收藏馆珍藏的古玉不多，仅数十件，但件件古韵盎然，沁色无穷，形制也迥异，让人一看就会油然而生慕古之遐想。

李倬是上海市收藏协会玉器专委会成员，中国收藏家协会会员，人称"小刚"。他之所以收藏古玉，尤其对两周两汉及明清古玉情有独钟，还在于他有一个热爱古董、家境殷实的家庭。他祖籍是天津大李庄人，据说清代的李莲英还是他的亲戚。他的祖辈们不仅经商从官，而且都酷爱古董收藏，宋代五大名窑瓷、汉八刀、乾隆工玉器，过去都能在他家里见到。但随着解放以来的历次运动，特别是"十年浩劫"，竟毁去了十之八九。李倬从小生活在这种古文化氛围里，耳濡目染，加上他父亲李笋的影响，以及本人的天赋和那种与生俱来对古玉的悟性，使他对古玉收藏产生了异样的情感。

近20年来，李倬凭着自己独到的眼光和不懈的努力，也靠着藏友的帮助，已收集到不少真正的古玉，光战国晚期与西汉时期的玉饰件就有30多件，当然还有明清玉器，有的还令有关专家学者刮目相看。比如，他珍藏的一件"白玉兽面纹象座铭文壶"，这是他从家乡的一位亲戚的手中"夺"来的。几年前，他赴家乡祭祖，有位亲戚知道他家都有收藏古董的嗜好，送来一件玉壶。此壶为三合一组合器，均由圆雕、镂雕、浮雕与游丝毛雕等工艺精琢而成，系和田白玉籽料，温润精致，壶底座左右两端各雕一象头；壶盖上部浮雕一凤鸟，双翅上卷，尾部下勾；器身更为精湛，正反同雕瑞兽衔环，左右又各为圆雕凤头，满器祥云铺地，瑞气惊天，鸾凤和鸣，羽兽献舞。引人注目的是壶两侧还分别镌有阳雕铭文37个字，可谓集历代工法之大成。当时，他几乎被此壶恢宏大器的气势深深吸引，硬是以不菲的价格买了下来。后经多位专家鉴定，该玉壶竟是一件清乾隆年的"白玉兽面纹象耳铭文壶"。李倬还珍藏着一件清雍正年制的"百宝箱"，说

* 古玉收藏家李倬

是百宝箱，其实就是首饰盒，那是他赴浙江时从一藏友处转购而来。此百宝箱由大小不同的10块和田碧玉雕琢后拼镶而成，玉质温润，前后均以浮雕手法片饰层层祥云，两条五爪玉龙徜徉其间，腾云驾雾，中间一颗明珠，寓言"双龙戏蛛"。箱面也是同工，铜角包箱，装镶弥合，做工精湛，器底"雍正年制"款清晰可见。

或许是李倬长年来赏玉，藏玉之故，性情变得豁达了，也或许是李倬感到祖国的玉文化太深邃浩瀚了，玉器的形制，纹饰和具有神秘色彩的沁色，应该让国人看到与了解，那种所谓"秘不示人"的收藏早就不是现代人的收藏观了。因此他不仅参加了在长风公园举办的第五届上海国际花卉节——人间瑰宝名家珍藏玉雕展，而且还参加了在浙江杭州举办的2006年全国收藏博览会，特别是他又和其他藏友一起，赴京参加了在中国国家博物馆举办的"2006年全国民间收藏玉器精品展"。他说，能参加全国性的玉器展，是每一位古玉爱好者的心愿，也是我的夙愿。但我们民族的玉文化浩瀚无限，它蕴涵着的深邃内涵，这才是我们毕生要探研和弘扬的。

校徽收藏家叶文汉

座落在上海普善路645号的"叶文汉校徽陈列馆"，是一间低矮的二开间门面房，面积约20多平米。别看房间小，里面的天地可大了，它不仅珍藏着国内外各个时期的校徽5 000余枚，而且还是上海旅游局指定的涉外"上海家庭博物馆之旅"，在上海所有的家庭收藏馆中独树一帜。

馆内所展示的校徽有大专院校校徽、国外大专院校校徽、中小学校徽、古董校徽和纪念校徽五大类。材质有银的、铜的、铁的、铝的、搪瓷的、景泰蓝的，还有比较少见的布质的。至于形制，除了人们常见的圆形、方形、长方形和三角形、菱形外，还有梅花形、八角形、书卷形和树冠形等。其佩戴方式也是各式各样，有的是别针式，有的是纽扣式，也有的是配挂两用式、夹式、平头罗帽式、摄式等等，不尽相同。其中年代最久远的是鲁迅先生于1924年题字、编号为"105"的北京大学校徽、同济大学、日本福冈县立香住丘高等学校校徽；距离最远的是美国伊利诺斯州立大学及格林伍德文化学院校徽；体积最大的是1949年、编号"26"的"国立社会教育学院"铜质校徽和1952年编号"22杨仓海"的重庆"青年补习学校"算术班的布质校徽，直径在18厘米以上；国外体积最大的是美国学校"MicHELANGEL0"校徽。体积最小的是日本"高"字校徽，直径只有1厘米左右。

* 校徽收藏家叶文汉

馆主叶文汉是上海市收藏协会理事、中国收藏家协会会员。他在孩提时就因受父亲爱好收藏邮票、钱币的影响,对收藏的意义有了了解。5岁时,他就读于虹口郇光小学,父亲送给他一枚郇光小学的老校徽,使他对小小的校徽有了一种特殊情感。高中毕业后,他又上了几家专科学校,学英语,学统计,学成本会计,可能是爱屋及乌关系吧,他渐渐喜欢上了收集校徽。如果说那枚郇光小学的校徽是他第一枚藏品的话,那么,上世纪80年代初他在豫园地摊上淘到的一枚银质同济大学校徽,才算是他开始了真正意义上的收藏生涯。打这以后,老城厢的藏宝楼、老西门的会稽路、太洋桥的地摊垃圾市场,到处都留下过他的身影。他可以以每枚6元的价格一下子买下100枚校徽,也可以以数百元的高价买下一枚珍品校徽。值得一提是,他有一枚上海圣约翰大学的戒指形校徽,这还是在他读了7个法律院校,取得了法律顾问资格证书,并设立了"叶文汉法律顾问室"以后,他妹妹从其夫君那里讨来送给他的。

然而,收藏并不是停留在数量上的。因为,任何一件藏品都是历史的载体,校徽也同样是我国教育发展历史的重要见证。叶文汉在收藏的同时,当然还十分注重对每一枚校徽内涵的探研。有一次,他收集到一枚上海第十七中学的蓝色校徽。此校徽不像其他常见的呈倒三角形状,而是正三角形。这下,叶文汉来劲了,他专程到这所学校寻找答案。事后他才了解到,过去的校徽之所以多倒三角形,含义是上面两点分别为"智"、"仁",下面一点是"勇",突出的是智与仁;解放后在教育思想上强调"德、智、体"全面发展,那么寓意就为上面一点是"德",下面两点分别为"智"与"体",突出一个"德"字。这样的设计,也从一个侧面折射出两个不同时代所体现的教育思想。另一枚解放前八角形银质"西丰县立女子学校(初级)"校徽,其大如茶碗,上面铸有"非礼勿视,非礼勿听,非礼勿言,非礼勿动"16字校训,也同样折射着旧中国在女性教育方面的孔学之道和教育宗旨。其他还有解放前复旦大学校徽上镌着的"思近而问切,志笃而学博"、华东师范大学校徽背面的"求实创造,为人师表",则体现了这两所著名学府的教育理念。这些知识使叶文汉得益匪浅。

自从2001年,叶文汉的校徽陈列馆被指定为涉外上海家庭博物馆后,参观者络绎不绝,人们从这些沉浸着历史沧桑的校徽中,看到不同国家、不同时期的教育理念。而叶文汉则天天守住这一阵地。

烟盒收藏家邬久益

法国雕塑家罗丹说:"美是到处都有的,对于我们的眼睛,不是缺少美,而是缺少发现。"邬久益便是这样。他用10年不到的时间,从一名摄影爱好者成为声名四起的旱烟盒收藏家,且研究文章连连见诸于报刊,期间,虽竭尽心智与财力,但能取得如此成就,关键还在于他有一双发现美的眼睛。

邬久益是上海市收藏协会理事,他原先爱好摄影,也是上海摄影家协会资深会员,他的作品曾在国内外屡屡获奖。有人说,摄影是发现的艺术,它靠的就是眼力。所以有人又赞誉他,是摄影成全了他的收藏梦。10年前,他赴湘黔交汇处的苗家山寨采风,一位老人馈赠他一只精巧玲珑的光绪年间牛角雕旱烟盒,与他在上海博物馆中所见的清代旱烟盒相比,无论在品相还是雕工上都无法比拟的情况下,遂产生了收藏的念头。此后,他又遵循自己铁定的"我入藏海不追潮"戒律,逛遍了沪、宁、杭、甬等地的文物商店和古玩市场,作了大量的市场调查,结果发现旱烟盒数量寥寥,精品更是凤毛麟角,且较之人云亦云的其他收藏品更有文化意蕴时,便悄悄行动了。

　　同任何收藏者爱好者一样，刚开始收藏旱烟盒时，邬久益有遗憾也有欣慰。一次，他在上海古玩市场见到一件清代黄杨木雕旱烟盒，非常精美，只是一时价还不下来。岂料一个星期后。他再光顾该处时，店铺早已搬掉，为此事他至今仍懊恼不已。6年前，他去上海老街藏宝楼闲逛，见地摊中躺着一件黄灿灿、鸡蛋大小的旱烟盒，凭着对该器物特有的敏感，心想此物绝不是普通竹木材质的，便快步挤到摊前，拿在手上细细端详。此件系兽骨精雕细刻而成，通体布满纹饰，应为椭梭形，上雕一龇牙咆哮的狮纽，盖沿刻回纹，盒口颈圈刻三角纹，联幔纹圆弧溜肩下又是一圈回纹，盒身保留骨头的自然圆球状，从左至右绕球阳雕一凸带纹，盒体两面各开三框，中框内浅浮雕一对仰天引颈长鸣的立鹤，和三头活蹦欢跳于苍松下的梅花鹿，盒颈部两侧一对倒挂乳狮作耳襻，既可装饰又作串索悬挂之绳纽，匠意甚赞。根据此物糯亮黄润的包浆与纹饰的磨损程度，应为清末黔南之旱烟盒。正当他开口询价时，岂料他那副喜不自禁的神态，早落入摊主的双眼，于是便开出天价。在几经还价无果情况下，他来了个欲擒故纵之计。可等他一圈转回，人家早已撤摊而走。他遗憾之极。事隔3年，他与妻子同游三峡到重庆时，想不到在一古玩市场又不期而遇此旱烟盒，想到物已易主，他唯恐再失去，遂以高于3年前一倍的价钱买了下来。

有道是，功夫不负有心人。在经过近十年不辞辛劳的历练，如今，他已拥有明清至民国时期的旱烟盒600余件，除了汉族外，还有苗、土家、壮、蒙、水、侗、满、布依等少数民族的，制作材料有竹、木、铜、铁、布、象牙、骨质、葫芦、陶瓷、珐琅。这些烟盒，或雕竹镂木、剔犀刻牙、琢玉镌角，或范匏贴黄，错银錾铜，或烧瓷嵌骨、髹漆镶钿，千姿百态，异彩纷呈，有的还极其珍贵，如笑口常开的檀木连体清代和仙旱烟盒，被视作吉祥鸟的明末鸦纹兽纽桃木旱烟盒，錾刻着苗家心中图腾翔龙与朱雀、似宝塔状的清代铜质叠层旱烟盒，洁净无暇的晚清玉质荷包形旱烟盒等等。所有的旱烟盒都攀附着一段古老而又精彩的故事。几年前，有外商斥巨资欲购，被他婉言谢绝。

多年来，鉴研赏玩这些充满灵气，飘溢着中华民族古老的民俗传统文化与民间艺术馨香的旱烟盒，已成为邬久益生活乐趣中不可或缺的一分子，就像当年他由喜欢而摄影，因摄影而发现美一样，更何况历经艰辛聚集而拢的老祖宗遗物精致绝伦，美不胜收，岂肯让它漂泊流散于华夏域外？

说的多气概啊！

老彩票收藏家蔡伯昌

人称"阿蔡"的蔡伯昌，是上海市收藏协会中卓有成就的老彩票收藏家，现为中国文物学会会员、中国收藏家协会会员，上海市收藏协会名誉理事。

蔡伯昌先生从20多岁开始涉足收藏，无论是初玩瓷杂古玩，转又迷上玉器青铜，还是最后钟情于"三票"——股票、税票、彩票，门槛都很高，即非古非老的东西不收。老父亲见儿子经常摆弄这些玩意儿，不知从哪里找出几枚老彩票，说这是他当年在上海爆发"1.28"淞沪战争后购买的"航空公路建设奖券"，并告诉阿蔡当年他争购此彩票时的盛况。听着父亲那神采飞扬的讲述，看着老彩票上精美的图案设计，想到这些老彩票上所承载的历史事件和文化内涵，阿蔡逐渐萌发了收藏的念头。

收藏老彩票，对爱好者来说，是一件极不容易的事，但对阿蔡而言，却似乎显得游刃有余。1992年春天的一日，他从一藏友处得知，上海有位老者是老彩票收藏者，手上的几枚老彩票十分稀少，市面上根本见不到，目前由于经济原因想出让一部分。阿蔡听后心有所动，便约好时间拿来看看，几天后，该老者在藏友的陪同下带来了4枚民国年间发行的老彩票，两枚是"第一甲子战役抚恤奖券"，两枚是"直鲁战役抚恤奖券"。他凭着多年经营印刷行业的眼光，一眼就认定这些老彩票绝对不是仿制品，非但不是，而且与他以前收藏的老彩票相比，其品相更算是上好的，实是难为了老者的好意。他心里很是高兴，可正当双方将银货两讫时，那老者却忽然提出想各留下一枚的要求。当时阿蔡挺纳闷，说好的是全部转让，怎又变卦了？但继而又一想，也理解了老者的心态，便同意了。老者很感动，临走前还留下姓名、地址和电话，说如果有什么疑问尽可去找他，并告诉阿蔡，以后如有好彩票还会再来找他。一星期后，那老者果然来电告知，说他还有一套十连张的"宣统奏办捐赈彩票"，系宣统三年发行的，如要他就送来。阿蔡接电后乐了。第二天，老者如时赴约，依旧从旧信封里取出彩票，小心翼翼地展开让阿蔡看。当一切买卖结束后，老者在阿蔡的热情款待下，才毫不掩饰地告诉阿蔡，其实他有两套这样的十连张，因见阿蔡这么真诚，又是一个真正的老彩票收藏者，放在这里他放心，所以才相让一套，自己也留下一套。说完还无偿地送给阿蔡几份影印的老彩票资料。从此，两人成了忘年之交，凡是阿蔡在老彩票收藏中遇到什么问题，都会去电询问，老者是有问必答，有求必应。

功夫不负有心人。经过20多年不辞辛劳的寻寻觅觅，凭着他独到的眼光和经验，如今，阿蔡已拥有了上自清代乾隆丙寅年，下至解放前夕的各类老彩票700余枚，什么"捐彩票"、"夺彩票"、"香槟票"、"吕宋票"、

＊ 老彩票收藏家蔡伯昌

"鸿运票"、"发财票"、"白鸽票"、"山铺票"、"神功彩票"等等,其中既有清代官方发行的"签捐彩票"、"奏办彩票",又有民间商号推销的"商业彩票"、"赠券",还有民国时期各地发行的"赈灾彩票"、"慈善彩票",更有外国洋行在华倾销的各色彩票,形形式式,名目繁多。有的老彩票还极其珍稀,比如,1891年西班牙在上海等地发行的十连张带有封套和通知单的吕宋票,迄今为止见到最早的五连张带有封套、对号单和通知单,1881年发行的吕宋票;清代宣统三年发行的十连张"奏办四川彩票",迄今为止中国发现最早的体育彩票"青岛万国体育会彩票"(1928年),中国同盟会山东分会在民国元年于山东地区发行的集资型彩票等等,让人在一睹这些老彩票的同时,对我国的政治、经济、军事、社会的发展有了更多了解。

如今,阿蔡名声在外,不仅开起了"蔡伯昌老彩票博物馆",而且该博物馆又成为浦东地区的"十大博物馆"之一。为上海,也为浦东张江高科技地区打造"文化张江"树立起了一块金字招牌。

古瓷片收藏家杨金妹

在上海收藏界内,杨金妹算是一位新秀,然而她却又是上海乃至全国绝无仅有的古瓷片收藏家。她收藏的古瓷片,林林总总,丰富多彩,每一块瓷片上的纹饰都蕴含着深邃的文化内涵。比如,表示延年益寿的有"福禄寿"、"百寿款"、"瑶姬献寿"等等;表示吉祥寓意的有"年年有余"、"万事如意"、"马上封侯"等等。特别是代表中华民族的几十条龙的古瓷片中,既有螭龙、蛟龙、云龙、草龙,又有赶珠龙等等,几乎囊括了我国从古到今瓷文化的全部,人们因此赞誉她是收藏界的"瓷痴"。

* 古瓷片收藏家杨金妹

    杨金妹是上海市收藏协会理事，家住宝山区杨行，今年六十有二，是一位长期从事医疗卫生工作的医生。她之所以收藏这些毫不起眼的古瓷片，是出于丈夫的一次偶然启发。8年前的一天，从小就喜欢收藏古钱币的丈夫从外面带回两块古瓷片，说是在某一外环线建筑工地上发现的。杨金妹深知丈夫的秉性，不会无缘无故捡东西回来，便洗净瓷片上的污泥。两块瓷片上分别用隶书和楷书写着"寿"和"福"字，字体圆润流畅，釉色晶莹温糯，看后会使人有种想亲近一下的感觉。她欣喜至极，直觉告诉她这是好东西，便拉起丈夫又骑车赶往那建筑工地，直到太阳西沉，才驮回家一大包碎瓷片。夫妇俩边清洗边欣赏，结果她又惊讶地发现，这些瓷片里不仅有人物山水吉祥语，还有花草鱼虫、鸟禽走兽，诗词款识。打这以后,她竟同古瓷片产生了浓厚的情感,几乎每天都去各地的建筑工地。挖土机旁、挖泥机边、河畔、沟底、浜里,到处都留有她的身影。

　　杨金妹收藏馆的博古架上摆着一件明代青花缠枝龙纹瓶,器型不大,但很显眼。假设是一件品相尚可、完整的器物的话,按目前市场的行情,可能会卖出个好价钱,可惜的是此物不仅已有两处地方补过,而且还残缺一块瓷片。喜欢瓷器的人都懂得"瓷怕裂缝玉贵甭"的道理。但就是为了这块瓷片,她几乎天天去建筑工地。功夫不负有心人,几个月后,还真让她觅到了,一路小跑回了家,朝那瓶上一试,竟还真给她拼上了。如今,这件青花缠枝龙纹瓶已是她藏馆中的"镇馆之宝"。那晶莹光亮的青花纹饰,给她的藏馆平添了无限活力。一年前,她听丈夫说,中国的瓷文化源远流长,寓意深邃,光"寿"体一字的写法,就不下百种。她听在耳里,记在心里,当夜就拿着放大镜,对着灯光在成堆的碎瓷片中寻找。一个月下来,她发现有"寿"字的瓷片只有二三十种,有的字体还一模一样,离开集齐"百寿"还有很大距离。于是,她暗暗地想,一定要把"百寿"的各种字体集齐。打这以后,她越发忙碌地奔波在宝山的各建筑工地。好在上海正搞城市建设,建筑工地到处都是。有一回,杨金妹捡着捡着尽忘了时间回家,等赶到家时天色已晚,丈夫和儿子、媳妇们都在桌旁等她,而桌上端端正正地摆着一盒大蛋糕,上面还醒目地插着一支表示"60"的生日蜡烛,她方恍然大悟,自己已是年至花甲的老人了。

　　寻宝虽辛苦,趣味亦无穷。如今,杨金妹已拥有上自我国西晋、下至明清各代各窑口的古瓷片。初步估计,竟有两吨之多。有钧窑的,有龙泉窑的,也有吉卅窑的,德化窑的。釉色分单色釉、有色釉、青花等等。钧窑的瓷片温润厚泽、晶莹剔透;德化窑的瓷片洁白濡润,精致如玉;龙泉窑的瓷片纯正淡雅、素而华丽;吉卅窑的瓷片朴实无华,釉润光亮。这些五颜六色、流光溢彩的碎瓷片，至今仍透露出古韵，使人们仿佛看到了先人们的风俗习气、人情世故，同时也显示了我国古代制瓷业的伟大与不凡。

上海市收藏协会为了一展她那古瓷片的风采，同时也为了更好地弘扬民族瓷文化，曾特地为她举办了一个展览，闻讯慕名者纷至沓来，一时轰动整个收藏界，也震惊了媒体，各大报刊、杂志、电台、电视台争相采访。杨金妹以自己对民族文化的执著追求，赢得了人们的承认，也为自己选择了这样一条路而感由衷的欣慰！

古陶瓷收藏家顾林昌

前不久，北京故宫博物院古陶瓷专家张燕等人，在闻悉上海浦东有一位眼力超群的古陶瓷收藏家顾林昌时，竟亲自率队专程从北京来沪，不仅参观了他的收藏馆，鉴赏了他收藏的各类古陶瓷，而且对他在古陶瓷收藏方面所具有的眼力予以高度的评价，赞其为国内收藏界的古陶瓷收藏人才。

顾林昌是上海市收藏协会会员，已过知天命之年，虽说他参加该协会的年份不长，但算起他的藏龄也已有30多年了。如果再往前算，他的藏龄还会更长。还在少年时代，他就受其外公的熏陶，对他外公收藏的各类瓷器和西洋古玩产生了浓厚兴趣，几乎是每隔几天就要去外公家，问一些与收藏有关的问题，极得外公的喜爱。有了工作后，他一方面还是隔三岔五地去外公家向外公讨教各方面的收藏知识，对照实物努力学习，另一方面也像模像样地搞起了收藏，而且一开始就运气不错，让他收到了一对青铜花觚。那还是1988年春天的某一个休息天，春光和煦的令人陶醉，他像往常那样吃了早饭到附近的川沙老镇的古玩地摊去觅宝，当他刚走到离家不远处时，见到有位收废品的外地男子正拉着一辆平板车朝他走来，上面乱七八糟地堆着不少废旧杂物，他偶尔看了一眼，却给他发现了仅露出半截身子的青铜花觚，心里一动，便唤住了那男子。等到他从废旧杂物堆里翻出那对品相尚好、手感沉甸甸的青铜花觚，见到其上只有那个年代才特有的材质和纹饰时，他的心才狂跳起来。然而那男子的开价也着实让他吓了一跳，几经讨价还价后，他只得咬咬牙，仍以较高的价格买了下来。当晚，他把这对青铜花觚捧至外公家，给老人鉴验，得到了老人满口赞许。前不久，上海市收藏协会假上海举行世界华人收藏家大会之际举办了一场"收藏文化活动周"，此对青铜花觚还被藏协推荐作为珍品在金茂大厦裙楼展出，受到了有关专家学者的肯定。

＊ 古陶瓷收藏家顾林昌

顾林昌是以收藏高古瓷为主，兼收其他杂项类藏品的收藏家。所谓高古瓷，即人们常说的宋代以上年代的瓷器。在收藏界，汝、官、定、哥、钧，均为收藏家们梦寐以求的珍品、绝品，若要收藏谈何容易，哪怕只寻觅到一件，也已经是相当不错了。因为它需要的不仅仅是眼力和魄力，更重要的还要具备对我国古陶瓷文化的深刻了解，光这些高古瓷的形制，如没有反复的实践过程，甚至是屡屡"吃药"的伤痛，很难有收获。然而，顾林昌从小就具有得天独厚、聪颖过人的天赋，况且他还在外公处学到了一套真本领，因此，每逢外出淘宝，总有所获。几年前，他到山西去办事顺便弯至一藏友家。此位藏友一见顾林昌打老远的上海来看他，激动之后便是招待饭菜，酒当然是少不了的。顾林昌不会喝酒，便倒了杯饮料陪藏友。他们边吃边聊，席间，藏友似乎突然想起来什么，从床底下拖出一只纸箱子，打开层层包裹着的旧报纸，对顾林昌说，这是他最近特地从一家人家家里收来的，但吃不准是老的还是新仿的。顾林昌一见，眼睛一亮：这不是一对官瓷三足水盂吗？他知道，官瓷是继汝瓷之后烧制的，与汝瓷有许多共同之处，极是珍贵。顿时他如获至宝，捧着这对三足水盂左看右瞧，简直爱不释手，也忘了藏友刚才的问话，直到人家提醒他，他才连连回答"开门货、开门货"，并问罢价钱后，匆匆付给了藏友，当晚便离开山西回到上海，生怕别人卖漏再追回去。

"功夫不负有心人"。顾林昌经过30余年不辞辛劳的努力，上山西、去陕西、下江西、赴福建，他的足迹几乎留遍了各地的古玩市场。至今已收集到各类古陶瓷500余件，杂项百余件。其中不乏珍品、绝品，比如官瓷天青釉三足水盂，已被故宫古陶瓷专家誉之为宋代遗物。清代学者张心斋曾说："情必近乎痴而始真，才必兼乎趣而始化"，想来顾林昌正是一位从兴趣开始，继而成为独具功力的古陶瓷收藏家。

钢笔收藏家徐恒皋

钢笔，旧称自来水笔，那些老掉牙的钢笔，却成为"收藏家"的"宠物"。

徐恒皋的居室是二室一厅。居室颇为宽敞整洁。唯有小间堆满了纸箱子。有书桌，玻璃柜，还有一排书橱，这里是他小天地———一天忙碌下来，晚饭后坐在书桌前，面对几十年辛辛苦苦淘来的各种钢笔，看看、揩揩、回忆回忆当初淘笔时的场景，什么美国的"华尔"、"派克"、"犀飞利"、"康克令"，什么法国的"卡地亚"、德国的"万宝龙"、英国的"康维斯图尔特"，什么中国的"关勒铭"、"绿宝"、"博士"、"华孚"等等，全都是国内外著名品牌金笔，简直令他心旷神怡。

徐恒皋是上海市收藏协会理事、徐汇区收藏家协会副会长，已70岁。虽说已迈进"古来稀"行列，但他的精力依然旺盛。这是收藏给他带来的动力。说起他这"动力"的来由，还源于小时候他父爱的滋润。上世纪50年代初，刚上小学的他放学回家，父亲就笑眯眯地从口袋里掏出一支崭新的钢笔递给他。徐恒皋见是一支中号的"关勒铭"金笔时，竟高兴的一蹦三尺高。实在舍不得用，就把这支"关勒铭"珍藏起来。7年后，他参军临别之际，父亲又买了一支仿派克51型黑杆英雄金笔送给了他。正是父亲送给他的这两支金笔，才给了他几十年收藏的源源动力。

说是收藏钢笔，其实也并非是一件容易的事。徐恒皋收藏着一支特大号的"华特曼"珊瑚红黄条纹签字笔，成色颇新，书写亦流畅，为所有古今中外钢笔藏品中的佼佼者，日前已被他列为收藏室里的"镇宅之宝"。说起这支笔的"淘"来经过，还有一段往事经历。那是一个夏天的周末下午，徐恒皋来到邻居开的红木家具店。进门见老板正在与一位顾客交谈，便径直走到一边休息。不经意间，他偶尔瞥见这位顾客手里好像拿着一支大号的钢笔。这种笔他曾听说过，却无缘见识。此刻一见，一种想拥有的冲动蓦然升起。但人家在谈生意，按道理是不能横插一杠的。于是他只得耐心地等待。一个多小时后，好不容易等到那位顾客走了，徐恒皋赶紧疾步上前，找到那位顾客，告诉对方自己是位收藏爱好者。老徐拿起笔，仅稍加辨别，就立刻认出这是美国货，而且还是19世纪30年代美国生产的，且莫说在市场上绝难见到，就是在如今的收藏界也应该说是绝无仅有的珍品。幸运的是，徐恒皋却在偶尔中得到了。

独乐乐不如众乐，这是现代收藏观念的一种表现，尤其是对上了一定岁数的老年收藏爱好者来说，似乎更能体现老年人对精神生活的追求。4年前，上海某电视台为了要宣传我国民族工业在钢笔制造业中的发展历史，专程赴上海英雄金笔厂收集历史资料，拍摄与之相关的实物。摄制组

*钢笔收藏家徐恒皋

在该厂相关人员的介绍中，不仅了解到了许多直接或间接的历史资料，而且还拍摄了不少实物，但就是缺少当年在钢笔制造业中声名显赫的"绿宝"金笔。而"绿宝"金笔又恰恰是最能反映我们民族工业在钢笔制造业中的历史地位的，特别是在20世纪50年代初期，毛泽东和周恩来曾在接见公私合营先进代表时，称"绿宝"金笔创始人汤蒂茵为"红色资本家"、"金笔汤"。这样一段具有典型意义的历史，如没有实物佐证，岂不被人讥笑？但光着急没有用。于是，他们想方设法找到上海市收藏协会，而此时的徐恒皋正在长兴岛的某一造船厂上班，听罢协会的电话，心情异常激动，当晚便赶回家，找出珍藏着的5支"绿宝"金笔，第二天一并借给了摄制组。

　　或许是徐恒皋对钢笔的收藏越来越投入，或许是徐恒皋感到书店里介绍钢笔的书籍实在太少，即使有，也仅是一些介绍国外制造的名笔图书，于是，他产生了自己编写《中国古今自来水笔收藏与鉴赏》书籍的念头。他想为收藏、欣赏钢笔的朋友，也为自己钟爱的"精灵"们作一点贡献。

打火机收藏家陆联国

　　到过上海滩著名的打火机收藏家陆联国家的朋友，都会被他那款式各异，精致绝伦的中外打火机、烟盒等烟具所迷住，什么"爱尔金"、什么"伊铁纳"、什么"摩梵陀"等等，全都是旧时上海滩风靡一时的奢侈品，曾几何时，都已销声匿迹了。

　　70有余的陆联国是一位退休工人，上海市收藏协会会员，论资历，他参加收藏组织没几年，可算算收藏经历，却已有二十几年了。老陆原来并非收藏打火机的，说起他收藏这些并不惹眼的打火机，他告诉笔者，一天，他上老朋友家喝酒聊天，几杯酒下肚，他的烟瘾上来了，可翻遍身上口袋，就是忘了带火柴。朋友不吸烟，为他找了只老式汽油打火机，那还是朋友的连襟遗忘在他家的。老陆点燃烟，也许是灵感攸至，也许是收藏爱好者的通病——对什么新奇事物都感兴趣，他盯住这只打火机竟再也无兴趣喝酒，细细品尝中，他觉得这只打火机确实漂亮，不仅图案美，造型也格外别致，古朴中透出典雅，不失为一件集实用与观赏为一体的艺术品。朋友见状，干脆送给了他。回到家，老陆越看越喜欢，想想自己收藏瓷器终难有成，经济也不宽裕，于是下决心收藏起冷僻的打火机了。

从此，为了寻觅打火机，他不分寒暑刮风下雨，总爱骑上"老坦克"到处跑，上海的各大旧货商店，地摊市场，到处都留有他的踪迹。前几年，他听说上海大洋桥那边每天凌晨有旧货市场。这天，他3点多钟就赶到那里，谁知时间太早，根本没地摊。天气特别冷，老陆就在凛冽的寒风中熬了一个多小时，直到近5点，才见陆陆续续的摊位摆出来。也算是老天顾眷他心诚，竟被他淘到一只精巧的进口打火机。还有一次，他一大早赶到被人称为"垃圾市场"的会稽路，天刚蒙蒙亮，借着微弱的路灯光，他在一个角落的摊位上发现一只坏得散了架的打火机，便知是有了不少年份，但不是缺打火镰，就是少了螺丝，再不就是没了弹簧，老陆还是化了10元钱买了下来。回家后，凭着自己一手不赖的钳工手艺，用几天功夫终于修复了，可对上面阴刻的洋文总也看不懂。向懂外文的朋友请教后，才知是只前苏联生产的三保险防风打火机。从这以后，老陆深感自己知识的浅薄，捧回来一些书籍，边收集边啃起有关书本来。

功夫不负有心人。如今，老陆的藏品日渐丰富，500多只款式各异的打火机摆满了他家的几只柜子，从上世纪20年代到"文革"时期的，他都当宝贝似的珍藏着。这些打火机，除了中国外，主要来自美国、英国、法

国、瑞士、德国等西方国家。按门类可分为卷烟类、雪茄类、板烟类、纪念类、摆件类等。制作材料有金、银、铜、铁、铝、红木、玳瑁、皮质、陶瓷、赛璐珞、嵌螺钿、景泰蓝，其中美国的朗声牛伏克烟盒打火机、德国百代打火机、澳大利亚发条打火机、澳大利亚BPANLEV打火机等，都是上世纪三四十年代的珍品。在国产打火机中也有几件稀有品，如一件画着雷锋像的烟盒打火机，在当时的政治氛围中，这些严肃的题材能印上打火机，今天想来也不得其解。

老陆又神秘地告诉我："几年前，上海市收藏协会为我举办'中外打火机展览'，不少媒体都来采访，但我还不满足，我想写一本有关打火机的专著，让更多的人了解中国直至全世界打火机历史的演变。"

民俗用品收藏家张志源

　　走进上海民俗用品收藏家张志源的家，让人感到惊叹的不仅仅是形制各异的古陶瓷，更有形式式、大小迥异的透露出浓浓民俗韵味的木制日用品，如饭桶、脚盆、水桶、子孙桶、旧时粮店使用的斗、升、斛等等。这些拎的、盛的、量的桶盆斗斛，虽经历了历史沧桑，但依然散发出熠熠漆光，有的甚至还金光闪闪。

　　老张是上海市收藏协会理事、陶瓷专委会主任。他除收藏古陶瓷之外，还热衷于收集这些昔日人们弃之不用的木制品，原因就在于一次偶然的发现。十几年前，他从一份资料上读到一则消息，说的是有些外国人十分仰慕中国的民俗文化，专门在古玩市场收集中国的民俗用品带回国，经整修改装后用来做摆饰，有的甚至还把我们中国人喻之为"子孙桶"的便桶堂而皇之地摆在客厅中，配上红木底座，盛放一些书画卷轴等艺术品，以示风雅气派。笑过之后的他竟也萌发了收藏的念头。经过十几年的寻寻觅觅，赴浙江，去江西，走安徽，踏遍了江南不少地方的乡村农家、古玩市场，如今他已收集到木制品近千余件。这些民俗用品经老张整理，被专家断定为有较高文物价值的桶盆数十件，其中不少还经常被借去上海民间收藏品陈列馆展出，受到参观者的啧啧称赞。

　　收藏是一种乐趣。既可修性养身，又可增长知识。对老张来说，虽说日日奔忙在古陶瓷收藏与研究上，但对这些桶盆斗斛却也付出了不少精力。10年前，他去宁波老家办事，路过镇上一家箍桶店，发现店堂角落里堆着好几件红漆剥落的旧木桶。他眼睛一亮，便以高于市场价的价位买了下来。后来经他研究，才得知这几件木桶是官帽桶，为旧时做官人家摆放官帽所用，桶两旁的辟邪兽头表示"百邪不侵，永葆前程"，银白铜搭攀意含"钱财殷富，子孙永袭"，而桶漆红色则又蕴含着"吉祥喜庆"。

随着市场经济的日渐完善，原先在计划经济时代的粮店已不复存在，而这些粮店使用的升、斗、斛之类的木制量具却成了老张千方百计寻觅的对象。多年前，当他得知宝山有位原来在粮店工作的老职工家里藏有一套时，便经常去光顾，而且每次都不会空手。大半个月下来，此人被老张的执著精神所感动，便以交友方式把这套升、斗、斛送给了他。事后，有位藏友对老张说："你这套量具倒蛮贵的，明里人家是送给了你，可你大半个月的路费、水果费加起来已是它几倍了"。

有人说，人一旦上了年纪，喜欢忆旧。几年前老张在奉贤热心创办敬老院的同时，经常将一些藏品放置在敬老院里展出，让老人们能天天看到这些童年、青年时代的东西，从而激活老年人的大脑细胞，使他们增强记忆力，提高他们对生活的乐趣。有位老人曾这样说："老院长的办法真好，我看到这些东西，总会想起自己结婚时的无限风光，心里总感到美滋滋的。"是啊，老张千辛万苦觅来的这些宝贝，不仅使其他老人感受到逝去岁月的快乐，同时带给他本人的也是无穷的乐趣。如今，老张已收集到清末至民国至现代的各种木制民俗用品近千件，有清代的官帽桶、民国的鹅头形勺桶，有旧时富贵人家摆放鞋子的六菱鞋桶、茶馆店送热水的曲柄水桶、竹节水桶，也有逢年过节用的果盘、储存干果的狮纽描金果桶，更有旧时钱庄里

* 民俗用品收藏家张志源

用的银元盘。这些林林总总、形制迥异的民俗用品,有的仍金光璀璨,有的仍光亮如故,有的甚至还可使用。老张斥资在乡下租了一大间平房,做了几只架子,把它们安置其上,为的是不让这些记载着昔日历史的古董烟消云散,让后代子孙永远铭记中华民族曾经拥有的这段民俗文化史。

贝壳收藏家肖长荣

说起贝壳收藏,家住普陀区余姚路上的肖长荣可以说独步沪上。他在静安、宝山、闵行、南汇等地设立的"上海海洋珍奇贝壳展览馆",几乎汇集着世界各地的珍品。比如,澳大利亚香螺、南非蝾螺、西非蝾螺、芭蕉螺、新西兰绿鲍、太平洋狐蛤、马达加斯加菊石等等。其称谓更是繁多,什么"鹦鹉螺"、"皇冠香螺"、"猫眼蝾螺",什么"黑石蜊"、"草莓乌尾蛤"、"鳞砗磲",还有什么"鞋螺"、"长鼻螺""千手螺"等等,色彩缤纷,千姿百态。其中最小的"风沙螺"螺体直径仅为0.23毫米,最大的是堪称世界之最、长度足有2米的巨型砗磲。

肖长荣是在一次偶然的机会中认识并喜欢上了贝壳的。那一年他父亲的一位朋友送给他几只贝壳,当他看到这些来自大海的玩物不仅颜色讨人喜欢,而且形状也极是有趣时,竟迷恋上了,从此便开始了有意识的收藏,而这位父亲的朋友也成了为他提供藏品的主要来源。同传统意义上的藏品不同,贝壳类藏品难就难在它并不是逛逛古玩地摊市场、走走拍卖行就能觅到的,有的贝壳,即使你有钱也很难买到,而有时你在稍许留神下却又能意外获得,就说那只"风沙螺"吧!那还是20年前的事了。有一次,他托朋友从国外带来几只大法螺,他在清洗的时候只是想把瘀积在法螺里的泥沙冲洗干净,但是随着塑料盆里的沙子越洗越多时,沙子里泛

贝壳收藏家肖长荣

出点点光亮的东西引起了他的注意，于是他把洗净的法螺凉在一旁，用最细的网布滤干水，然后搬至桌子上，对着台灯仔细地看起来，整整化了两个多小时，才寻找到这么小的、几乎连呼吸一下都能吹走的海螺。事后，他找人测量，才知道这只仅针尖般大小的海螺竟比当年获得大世界基尼斯之最的海螺还要小0.8毫米，他欣喜不已，把它安置在了100倍的显微镜下。如今，此"风沙螺"已成为上海静安区青少年活动中心的"镇馆之宝。"

肖长荣虽然是位默默无闻的贝壳收藏家，但他通过自己的努力、朋友们的帮忙所觅到的贝壳和贝类化石，已经引起了人们的高度关注，更得到了原上海水产大学、东海水产研究所、极地研究所、海军上海博物馆、香港贝类学会等有关专家学者的肯定。来自美国、澳大利亚、德国、日本等国家的专家学者，在看了他的藏品后都非常惊叹，为他的贝壳资源没有得到充分利用而深感惋惜。上海市科普教育基地联合会施新泉理事长、张建卫秘书长在参观了他的海洋珍奇贝壳博物馆后，都说这是一个非常好的科普资源，其所含的科普性和宣传生态意识，以及环保意识，都是上海科普教育中需要补充的一项内容。他们还建议，在上海建一个世界一流的海洋贝壳博物馆，让人们更好地了解自然、热爱自然、关注海洋、保护环境，努力营造一个人类和其他生物互相依存的和谐世界。

不久后，上海水产大学要改名为上海海洋大学，之前，该校曾力聘他为学校的兼职教授，但需向他们提供贝类藏品，以期该大学在理论教育的同时，能使莘莘学子对来自大海的各种贝类实物有一个感性的认识，继而深入研究。对此盛情，肖长荣深感荣幸，因为这是他义不容辞的社会责任。但同时他又感到，仅仅是这样还远远达不到他的最终理想，为了让人们能更直观地了解自然、关注海洋、保护人类赖以生存的地球，他希望在上海建造一座名副其实的科普教育场所！

酒瓶收藏家宋奇

宋奇创办的"陶瓷艺术酒瓶家庭陈列馆",远远地就能闻到一阵酒香味。陈列馆是一种典型的家庭陈列馆,大约90平米左右的居室里,10只玻璃柜站立在墙壁四周,里面陈列的酒瓶酒壶,古今中外的都有,陶的、瓷的、铜的、锡的、皮的、石的等等,既有人物类、动物类,又有器物类、花卉类,计有2 000余只(把),上自明末,下至现代,林林总总,形制迥异。

宋奇是上海市收藏协会理事、中外酒器文化协会常务理事。20世纪90年代中期,他的家因动迁搬到宝山区淞南镇,那时候,这个地区的收藏氛围十分浓郁,再加上他原先在厂里搞工会工作时就已经开始了收藏,于是就顺理成章地成了他们中的一员,并经他们介绍,参加了市收藏协会。之后,在藏友们的启发帮助下,他渐渐地意识到要想在收藏方面有所建树,就必须另辟蹊径,走具有个人特色的道路。但到底收藏什么呢?经过反复考虑,同时也囿于经济上的原因,他选择了酒瓶酒壶收藏,并把藏品定位于艺术酒瓶上。刚开始时,他还是小打小闹地寻觅,即使上饭店赴宴,或者是走亲访友,从不错失良机。之后,随着人与人之间交往的日趋频繁和他收藏酒瓶酒壶影响面的扩大,他的藏品日趋增多,造型也越加丰富多彩。

中国的酒文化源远流长,早在夏禹时代,我们祖先就已经有了"仪狄作酒"和"杜康造酒"的传说。而酒瓶酒壶正是我们民族几千年酒文化的组成部分,只是后人在传承过程中又演绎出许多丰富多彩的酒的品种和盛酒器皿罢了。这位收藏迷既然沉浸于此,当然十分讲究它们的艺术造型、制作工艺和它们与酒文化相关的实际用途。他收藏着一只蓝釉四耳执壶,那年,他买回来后,为要了解此壶的历史来源、产地以及它的日常用途,曾多次请教有关专家学者,翻阅了大量的专业书籍,及至最后才了解

* 酒瓶收藏家宋奇

了这把仅30厘米高、腹径也只28厘米的蓝釉四耳执壶，系民国年间江西景德镇所制，虽非名家之作，但其工艺却还算精致。此类瓷壶，在我国长江以北、山东等地是用来盛酒的；而在长江以南、常熟等地则是当作茶壶用的。前者盛酒是为了方便推车行路时，挂在车上可随时享用，而后者却是在农忙时带到田埂边休憩中解渴所用。如此这般的探研，使他对祖国源远流长的酒文化有了更深层次的了解。

不仅如此，宋奇为了能再现艺术酒瓶酒壶的艺术特征，为自己探索和研究酒文化创造条件，他还将这些藏品分门别类，予以陈列。目前，他所陈列的酒瓶酒壶已形成了"人物春秋"、"民族典雅""奇壶荟萃"、"异彩集锦"、"锦绣河山"、"玄妙宝葫"、"青瓷溢彩"和"青花怒放"等12个专题，在收藏馆形成一道亮丽的风景线，十分赏心悦目。2001年，为纪念中国共产党诞生80周年，虹口区收藏学会要举办民间收藏展，作为该学会副秘书长兼饮食文化专业委员会主任的他，花费了一个多月，专门选择了21只龙、鱼等陶瓷酒瓶制做成一艘长80厘米的彩船。21只酒瓶象征21世纪，80厘米船长表示中国共产党诞生80周年，而龙形酒瓶寓意龙的传人，鱼形酒瓶意含生活富裕。整艘彩船精巧、亮丽，表现了我国各族人民在党的领导下，经过80年艰苦卓绝的奋斗，才换来了改革开放的今天的主题。此彩船一经展出，即赢得了同好和参观者的惊奇。

多年来，宋奇曾近百次地参加各类主题的收藏展。辛勤的耕耘带来的是丰收的喜悦。自从宋奇收藏酒瓶酒壶的事迹被国内外媒体广为报道后，他的收藏业绩也被编入了《中华收藏名家大典》。但宋奇并不以此为喜，而是更加注重于对酒文化的探研了。他说："收藏，其实就是在弘扬民族文化。'阳春白雪，和者皆少；下里巴巴，和者众也'。酒瓶看似不起眼，却蕴涵着我们民族深邃的文化呢"。

公交票证收藏家张金龙

为迎接举世瞩目的世博会，体现"城市让生活更美好"的主题，在上海城市交通展示馆举办了"上海公交百年票证展"。展馆里，人头攒动，赞声不绝，人们无不被馆里琳琅满目的展品所吸引。而在展馆的一隅，却有几个爱好者正在听一位老人讲述我国交通发展过程中的种种奇闻轶事，唏嘘之声不时从他们口中传出。

老人叫张金龙，系上海市收藏协会会员，"大世界吉尼斯之最"获得者，是一位步入收藏圈子没多久的收藏新秀。其实算算他的收藏经历，却已有十几个年头了。从1996年萌发收集公交票证至今，他已收集到了全国31个省市28类车种车票，2.8万余枚，总票数有26万枚之多。其中有不少还是鲜为人知的车种车票。比如吉普车票、骡车票、二轮车票（**又叫脚踏车、二等车、自行车。**）独轮车票、卡车票等。有些车票年青一代的连听都没听说过，更甭说见到了。例如上世纪20年代初上海刚出现公共汽车时标有外文和国币的公交车票，还有上海刚解放时至60年代后期才在市区消失，而在郊区仍沿用了很长一段时间面值为 5 分的自行车票等等。

张金龙原是上海普陀区体委军体校的一位普通教练，自十几年前他萌发了"退休后有事做"的想法后，便渐渐沉湎于其间。刚开始收集时，因为在工作期间，常常是下了班骑自行车去各车站拾车票，退休后，有了时间，他便铆足了劲，几乎天天吃完午饭就一个人乘车到徐家汇、曹家渡、中山公园等地车站。有人见了，总投以奇怪的眼光。也有好心人曾问他是否生活困难，捡车票去单位报销，常常弄得他脸红耳赤、手足无措。可是越是到后来，藏品越是难收，尤其是收藏昔日被人遗弃的老的藏品。随着时间的推移，他的藏品在日渐增多的情况下，渐渐地发现上海大众出租汽车车票的序号竟然有二套，一套是从"A"到"Z"，另一套是从"AA"到"AZ"，而每个序号基本都发售一到二个月左右的时间。于是，他开始留意这些序号的变化，并进行了收集。为了能集全这两套序号车票，他用了整整几年的时间。有一次，他收集到一枚"W"字母车票后，等了许久还没集到下一枚"X"字母车票，内心非常焦急，就多次亲自"打的"，结果仍无收获，但他并不灰心，动员妻子孩子也去寻找。好在苍天不负有心人，当他再次"打的"时，一枚"X"字母的车票竟奇迹般地从驾驶员手中递到了他手里，乐得他一夜没好好睡觉。然而算算代价，却已打了六次"的"，至少花费80元。

* 公交票证收藏家张金龙

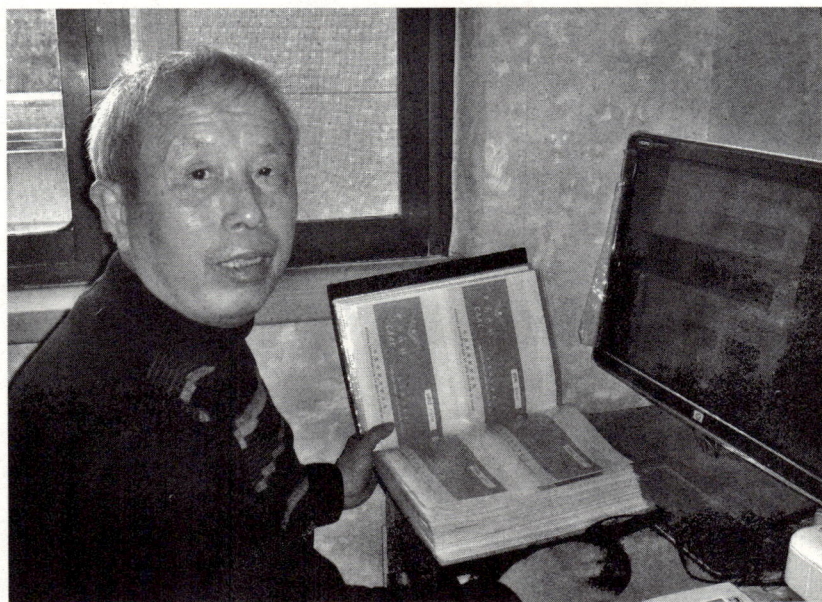

张金龙是一位凡事都喜欢刨根究底的收藏者，他在整理、汇编收集到的公交车票时细心地发现，其实我们中国的公交发展存在着诸多的"之最"，只是没有人予以注意总结罢了。比如，天津市是我国最早发行公交车票的城市，上海电车公司于1908年3月发行了我国最早的外文版公交车票，我国最早的日历公交车票是威海市公共交通总公司于1999年发行的，每天一枚或二枚不同。其他的还有异形车票、公交兑奖车票、公交广告车票、毛主席语录车票等等。这些形形式式"之最"车票的发现，都从一个侧面佐证了我国交通事业发展的历史。

　　张金龙收藏这么多年的公交车票，换来的成绩也确实不少。经他认真研究考证的文章和论文常被刊登在上海和外埠的各类报刊上；2002年，由世界华人交流协会和世界文化艺术研究中心联合举办的"国际优秀作品（论文）"评选活动中，他的一篇题为"浅谈收集公共汽车票"论文荣获优秀奖；2006年5月，他以收藏交通车票中国之最，荣获大世界吉尼斯证书；2006年他的一篇题为"上海交通史及交通车票"文章又被市藏协推荐，刊登于西安《收藏》杂志"当代海派收藏专号"。凡此种种成绩，无不都说明了张金龙之所以搞公交车票收藏，目的还在于想为我们的国家和民族保存一份珍贵的历史资料。

壶具收藏家许益祥

　　听说沪上著名壶具收藏家许益祥的大名，还是前年春节前夕上海市收藏协会在三山会馆举办的"海上年俗——首届上海春节民俗风情展"上。当时，许益祥展出的几十把金属壶具，形制各异，有茶壶、也有酒壶，更有咖啡壶。这些落满历史尘埃的老古董，引起上了不少老年人的怀旧感。

许益祥的收藏馆为典型的家庭式收藏馆。馆门两旁门挂着对联"酒壶茶壶咖啡壶壶中寻趣，银壶铜壶锡包壶集壶有乐"。靠墙而立的玻璃橱里、博古架上，琳琅满目的全是金属壶具，银质的，铜质的，锡质的，景泰蓝的，还有铁制的。比如，清代的铜制椰壳酒壶、民国的景泰蓝梨形水壶、白铜保暖水壶、锡制温酒壶、银质瓜棱壶等。还有什么提梁铜壶、西藏奶茶壶、多子多福葫芦壶等等，林林总总共有500多把，且大小不等，大的尺把高，小的仅可盈握，最小的简直就是儿童玩具。其次还有不少西洋壶。看着这些上自清代下至民国，落满历史尘埃的各式金属壶具，仿佛使人觉得进入了壶具博物馆，体会到我们中华民族饮食文化的博大精深。

　　许益祥已65岁。本来，他收藏金属壶具的事迹鲜为人知，因为他原先从部队转业后就进入航天局工作，作为一个身处要职的领导，如果让人知道他还有收藏"旧货"的嗜好，岂不让人笑落大牙。好在他一向为人低调，从不显山露水，从"文革"时期步入收藏到上世纪90年代初开始了真正意义上的收藏后，直至退休前，人们才隐约知道一些他的收藏故事。退休后，他更开始了"明目张胆"的收藏活动。至今，当他谈起第一次从市场上偶尔觅到的那把铁壶，内心总还有一种掩饰不住的自豪感。他告诉笔者，那把壶是典型的中国铁壶，为民国早期作品，外面虽为铸铁，模样也比较粗糙，但壶内却是鎏银。当时的卖价也仅50元，任何人看了都说他老许拣了一次"漏"。从此以后，尝到甜头的他无论是出差到太原、兰州、还是酒泉、秦皇岛，只要有机会，他都十分留意市场上的金属壶具。

　　在所有的藏品中，许益祥最得意的也最钟情的是一把锡制的温酒壶，如今，已被他列为藏馆中的"镇馆之宝"。他告诉笔者，那还是几年前一个冬天的早晨，老许偶尔在华宝楼一对苏州夫妇的店铺中看到一把壶，此壶高22公分，底款有"张鼎丰"方形麦克两枚，壶纽为一狮子戏绣球，壶身上端并列两根注水管，一根为注水用，一根为注酒用，上插直径6公分的

漏斗，注水管直通壶内，注酒管则在壶内盘绕三圈与壶嘴下端的出酒管相连。壶中央为直径7公分的内胆，可放置炭火加温茶水。外壶身下端又有出灰口，可随时清除炭灰。其设计即科学、方便，又卫生实用。当时，老许仔细把玩一番后，即开口询价，想不到店主开价不贵，他心头一喜，当场就拍板成交，整个交易过程还不到两分钟，是他在收藏生涯中用时最短、最爽快的一次。他从市场上淘来后，终日爱不释手，但这把壶究竟是怎么形成的呢？经研究后他才知道，原来在古代西汉时有一种叫"四神温酒铜杯炉"的，全器由耳杯、炭炉、底盘三部分组成，使用时把燃烧的炭火放入在炉内，这样，杯中添酒，底盘出灰，即可达到给酒加温的目的。以后随着历代工匠的改进，特别是上海作为一个新型城市的崛起，工匠们在汲取西方的先进工艺后，不断改进，不断完善，遂形成了这把温酒壶，既有民族之特点，又融合了西方的设计理念。诸如此类的事例，还能列举出不少。他也正是这样陶醉于对这些金属壶具的收藏研究中。谈话间，他忽然站起身，从一旁的抽屉里取出一幅尚未裱装的书法，笑着告诉我，这是他在前几天请人写的馆名"壶金轩"，自己玩了这么多年金属壶具，只有门联，没有馆名，太没有文化味，所以请人写了一幅，裱装后挂起来，目的是希望能与藏友们一起来分享我们民族的饮食文化。

奇石收藏家顾志平

沪上奇石收藏家顾志平的"石艺书画坊"是一间仅30平米左右的收藏馆，里面林林总总、形姿迥异的奇石足以令每一位来参观的爱好者赏心悦目、啧啧称奇。比如戈壁石"禅"、风砺石"昭君出塞"、大化石"扬帆"等。不仅如此，奇就奇在顾志平还为每块奇石配上一首诗，立于奇石前。有的甚至还配有画，使这些奇石更加趣意盎然。

顾志平是上海市收藏协会会员、上海市盆景奇石协会会员。还在年轻时，他就由喜好书画、钟情于书画艺术中的奇山奇水而迷上了天然的奇石，且特别痴迷新疆的木化石、风砺石，内蒙的戈壁石、玛瑙石，以及广西的大化石、摩尔石、乌江石和安徽的灵璧石。当然，要在如今奇石收藏风靡全国的形势下，有自己的一席之地，这对他来说是件不容易的事。好在他对书画艺术颇有造诣，故而便萌生了集诗画与奇石于一景中的创意。经过日积月累的精心筹划，如今他的奇石收藏已在圈内小有名气，他在奇石收藏中为奇石作诗配画题书的做法，也已被人们赏识。

* 奇石收藏家顾志平

　　收藏奇石难，但为奇石取名、并配以恰到好处的书画则更难。远的不说，就说10年前他第一次为一块新疆木化石配诗画吧。那年，他从新疆鄯善收到一块自然形状极似一节千年树干的木化石，当时，他把此石托运回沪后，便想给它取个好名，但久思不得其要领。正在他感到烦躁之际，隐约听到《鹿鼎记》中韦小宝的唱段。他灵感突来：这块颇似树干的木化石取"玉树临风"岂不更能体现此石的神采吗！于是，他乘灵感稍纵即逝的瞬间，又作起了诗。诗曰：参天临风，已成往事，脱尘长眠千万年，修得玉石心肠，再回首，记忆化作云烟，永留峥骨傲人间。此种灵感，此种意境，此种对人生生活的感悟，时至今日，他仍感慨万千。

　　在多年的奇石收藏中，令他难以忘怀而深感歉意的是2006年觅到的一块奇石。这年春节前他再次来到新疆鄯善，在一位维吾尔族老汉家里，他看到一块全绿色的山型风砺石，顿时眼前一亮：此块奇石犹如一座座山峰连成一片，煞是壮观。但在同老汉攀谈转让时，他发现这位老汉说着说着泪水便夺眶而出。他疑窦顿生，经过询问，他才了解到这块风砺石是老人家儿子的挚爱，而他儿子和孙子却在一次采石时由于晚上寒冷，帐篷内又生着火，不慎窒息身亡。听了老人的叙说，顾志平再也不忍侃价了，正待告辞时，老人却用双手捧起风砺石送给了他。就这样，顾志平怀着对一个异族老人的崇敬心情，依恋不舍地告别了他。回到上海后，他的心情还是久久不能平静，他知道，这哪里是一块风砺石，分明是一颗用维吾尔族老人善良的心凝结而成的"奇石"啊！由于心系那位老人的深情厚意，又深感为奇石命题、配诗画的事也不是一蹴而就的，故而时至今日，他仍没想到一个令他满意的名字，更别谈配诗画了。

自顾志平以配诗画这种独特的形式收藏奇石的名声在藏石界传开后，沪上不少藏石家、书画家被他这种新颖的收藏思路所折服，纷纷为他题词留名，特别在海派书画界。比如刘小晴、高式熊、戴小京、韩敏、钱行健、车鹏飞等。名家们的题词，给了他更加深的思索，也为他的奇石收藏提出了更高的要求。他说："搞奇石收藏，修身养性、陶冶情操固然是一个方面，但大自然馈赠给人类太多太多的奇石美景，我们又何尝不去玩出一些新的趣味、新的境界呢！"

说得多好啊！但愿这位石痴不断开拓奇石收藏新境地！

结婚证收藏家冯忠宝

走进收藏家冯忠宝家，你就会见到主人从床底下、书柜里、大橱抽屉里翻出一张张装帧挺括的结婚证。这是冯忠宝化了近十年时间从各地古玩市场觅来的。上自大清乾隆十年（1745年），下至解放初期，有石印的、铅印的，也有用毛笔书写的，花样繁多，内容迥异，光结婚证的名字就五花八门，什么"良缘证书"、"富贵证书"、"鸳鸯证"，什么"龙凤证书"、"美满良缘"、"鸾凤谱"等等，计有千余张之多。静静地欣赏着这些业已泛黄、落满历史尘埃的老结婚证，仿佛就像在读一部中华民族的婚姻发展史，让人联想到不同时代、不同阶层的男女在那一刻的幸福时光。

冯忠宝是上海市收藏协会会员。他之所以会收藏这些老证书，原因还在于8年前的一次巧遇。那年，他去北京参加全国钱币交流会，会后，正想打的回旅馆，却偶然发现街边有一个卖结婚证的摊头，于是好奇地翻看了一下。岂料就是这么匆匆的一翻，竟被这些大红证书吸引住了，当即买了下来，从此也结下了与结婚证书收藏的近十年缘分。在之后的几年里，每逢双休日，就会骑车去上海的各大古玩市场寻觅。或者乘出差之机，在全国各地的古玩市场里逛。2007年，《新民晚报》"玩家"专栏曾用整幅版面报道了他如何收藏的经历，从而引起了社会的广泛关注。

在冯忠宝的所有藏品中，像"大清乾隆十年"课书属珍罕之物。所谓"课书"，就是占卜合婚书。古时男女双方结婚，大多为媒妁婚姻，由父母做主，而且在婚前还需占卜生辰八字。此"课书"用红纸呈竖式写就，其上有如何如何会大吉、如何如何择日完婚方能吉祥等等字语。这份婚书是冯忠宝7年前在云州古玩城的地摊上觅到的。那天，他发现有位外地女子地摊里有一大摞红色婚书，几乎都是清代和民国初期的。他压住心跳，不动声色地问了问价钱。想不到这女子的开价并不高，他决定全部买下。但当他摸出口袋里所有的钱时，竟傻了眼：钱不够！而这女子手里的婚书起码也有10多份。于是他装着不感兴趣的样子无奈地起身走了。一直到傍晚时才再次赶到这位女子前。外地女子正准备收摊，见冯忠宝汗流满

面地急急赶来，心肠一软，便以50元一份不到的价格全数卖给了他。

冯忠宝在寻寻觅觅中，虽然离不开"缘"字一说，但更离不开关心和支持他的人，这其中当然还包括他的爱人。那年，他从北京买来结婚证书后，由于担心其妻数落，把宝贝全都锁进了柜子。但东西是藏起来了，他那刚激活的兴趣却再也藏不住了，每到双休日总是朝市场跑。随着时间的推移，他的藏品也急剧增多。他的妻子看在眼里急在心里。刚开始时也仅是口头上抱怨，发展到后来，眼看着存款单上日渐减少的数字，她才不得不采取了经济封锁的办法。这天下午，冯忠宝接到一个摊主的电话后就急匆匆地赶往古玩市场。摊主拿出一份民国时期政府颁发的结婚证书，上面不但有夫妻双方的照片，还有清晰的钢印。冯忠宝知道，这份证书正是我国婚姻制度向着正规化发展的关键一步，在中国婚姻史上具有不一般的意义。然而，就是这么一份婚书，摊主却开价 4 500 元，这难倒了冯忠宝。好在摊主也豁达，又主动提出让他打欠条。他既兴奋又忐忑。回家后便把这件事告诉了妻子。妻子又好气又好笑，最后还是满足了丈夫。

第四章

引人注目的精彩藏品

江福生"弥勒渡江"砚

明代

长：30厘米　宽：25厘米　厚：6.2厘米

汤永生收藏

江福生，字"春波"，明江苏苏州人。幼时为后母所逐，有苏州雕工怜而育之，遂习其艺。与明唐寅、祝允明、文征明父子往来甚密。后遇蜀中道人，皆游西湖，携药贸之得百余金，多置青田冻石、古藤、瘿木、柏根等。后结庐王浪山，自号"王浪山居"。

砚为端砚，系老坑端溪石材，青紫色，长方形，面素。砚背阳雕吉祥图案，为弥勒踏鳌渡江。三童子一旁相随戏水，落款"王浪山居"。笔意生动，含义深刻。砚首与砚膛两侧均镌有铭文。砚首边侧为行楷，铭文："有幸观得此神砚，无望此身到人间，落款"宗灏"。砚膛左侧为小篆，铭曰："弥勒渡江立于鳌头一笑，佛法无边，其神其势无与伦比，神工巧作世所罕见，顺治庚子秋金陵周亮工铭，"落长款"赖古堂"。右侧为行草，刻铭

"春波道人罗汉砚，雍容大度，神情莞尔，刀法洗练线条精细，砚之珍宝也。康熙丙子十月新城居士读观拜题。"刻工线条流畅、飘逸。

朱致远制琴仲尼式七弦琴

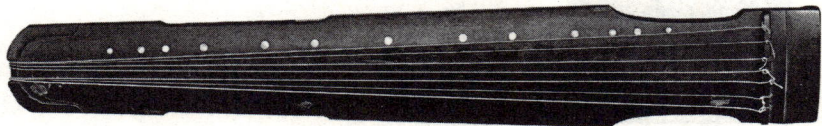

元代

宽：17.5厘米　长：122厘米

朱致远制作

汤永华收藏

乐为古代六艺之一，文人雅士多以抚琴寄情，或虽不能操亦须壁悬一挂，因此古琴归入文房用具之属。

历代不乏制琴高手，因岁月久逝，流传至今已凤毛麟角。此琴为元代名家朱致远手制，晚清为名士瘦珊先生在古器肆（**古玩店肆**）中购得，因稍损，又请福建沈雨田修整，张弦弹后音色清亮，直穿天穹，就自己定名为："绕云"，请了汪鸣鸾 题刻。之后，同治壬申（**同治十一年即1872年**）吴大徵（**时任两江总督、晚清大收藏家、金石家**）撰铭题咏。

琴仲尼式，七弦，桐木为面，梓木为底，银白螺钿为徽（**音阶标志**），退

* 朱致远制琴仲尼式七弦琴

光黑漆,有细密断纹。外有原配琴箱,有光绪三十二年 (1960) 题句。

古琴保存极为不易,此琴式样古朴,制作精致,品相完美,有多家题铭,流传有序,是难得的珍贵藏品。

铜鎏金释迦牟尼佛头像

元末

高:20厘米 (不含底座)

段毅收藏

造像材质为红铜,面部及顶珠赤金相鎏。佛梳右螺旋发髻顶嵌宝珠,面相丰满似月,眉长入鬓,两眼向下俯视万物,眉心生吉祥痣。鼻直,双唇

14th Century
Sino - Tibetan

* 铜鎏金释迦牟尼佛头像

对称，稍凸起显微笑状，颈部有平行的三道曲纹。耳轮大而垂肩，神态端庄慈善，于安详之中蕴藏肃穆，具有元代佛像风格。

释迦牟尼为佛教创始人，系梵语Sakyamuni的音译。"释迦"意为能仁，即能以仁慈之心怜悯一切众生。"牟尼"系指寂寞，即心净无垢，湛然不动之意。在佛教艺术中，释迦牟尼的造像代表了佛的形象，是历代宗教艺术家和匠师们按照他们所处时代的贵族审美标准，并依据佛教教义塑造而成，故具有一定的时代特征。此造像铸造工艺精湛，刀法自然细腻，线条流畅自然，体现了元代佛像造型艺术的精美。佛像鎏金完好，螺髻绀青犹存，颇为难得。据藏者告知，由美国一收藏家转让而得。

法国"蒂芙尼"宫廷画珐琅盘

1850年—1880年

长：20厘米　宽：12.5厘米

段毅收藏

蒂芙尼（Tiffang & CO），为美国纽约百老汇大街一专营精品之商号，创建于18世纪早期，分号遍及世界各地。18世纪中，该号始在欧洲制作银器，并施艺画珐琅，为当时上流社会推崇之奢侈品，身价不菲。珐琅由石英、长石、硼砂等一些宝石粉末调和而成，可像油画般施艺于金属及瓷胎，分彩绘与单色绘两种，尽显雍容华贵，色彩艳丽之本质。

此盘为纯银制作，系收藏家于本世纪初购于美国一古董展示会。盘之外形，盘内之珐琅彩绘人物、场景，盘底之麦刻、铭记，具有明显的欧美情调，为典型的西洋风格之艺术珍品，有宫廷画珐琅之风范。银盘画珐

琅，国内较少见。虽随着岁月的流逝，此盘仍保存完好，不见丝毫珐琅彩绘脱落，仍光彩亮丽，足见原持有者之喜爱程度。

犀角雕螭龙纹英雄双联杯

清中期

高：12.5厘米　宽：8.5厘米　重：370克

宣依群收藏

双联杯杯壁厚实，手感较重，且外表光润滋肥，包浆呈蜜枣红，系亚洲

犀角雕制。犀角有亚犀与非犀之分。亚犀为珍稀品种，其角质色泽含蓄，纹理细密柔软，在光线下能隐辨粟纹。而非犀则无此特征。此双联杯造型端庄，样式少见。杯身采用阳雕、浮雕、阴雕等工艺技法，遍施螭龙纹、兽面纹等纹饰，正背虽略有不同，但俱精雕细镂，艺精功纯，为清中期典型的仿商周青铜、玉器之精品。

犀角杯具有药用、观赏二种功能。而作为观赏器，便是古人在饮酒的同时，还多了份闲清逸趣。但少见双联造型。双联杯耗材多，雕制繁复，且如此大的犀角绝少见，故而更显其珍贵。2006 年，北京翰海曾拍卖一件同类作品，形状极为相似，但尺寸比此双联杯小，标价却是不菲。

象牙镂雕山水花鸟折扇

清中期

展宽：43.2厘米　高：25.5厘米

李洁收藏

　　折扇有实用观赏之分，此为典型观赏之扇，具有较高的工艺价值。扇取材于亚洲象牙，薄如蝉翼，细润洁白。工艺匠心独到，26片扇叶镂雕缠枝莲花鸟纹，镂工精致细腻、流畅。一对圆形开光透雕山水，一盾形开光透雕花鸟，盾形中间有英文字母缩写，系原订购藏者姓名。可见这是当年的外销之品。两种不同开光形状的完美结合，既含有我国传统文化的内

* 象牙镂雕山水花鸟折扇

涵,又带有西方理念,表达了原收藏者崇尚中国文化的向往。

　　清中期是我国牙角雕鼎盛期,名家辈出,流派纷呈,其中尤推广东牙雕。观此扇纤细精美,玲珑剔透,于繁缛细密中显示艺术装饰性,这正是广东牙雕的风格。清期,广东牙雕多外销,但像这样工艺精致的镂雕之扇实不多见,且扇上刻有洋文的,更罕见。岁月沧桑,此扇重返故里,系李洁在美国购于一英国藏家之手。

铜胎掐丝鎏金珐琅凤鸟

清中后期

长: 66厘米　高: 37厘米

李洁收藏

　　凤鸟造型华丽,采用铜胎的掐丝珐琅鎏金工艺。掐丝珐琅,俗称景泰蓝。其工艺复杂,具相当难度,它借鉴锦、玉、瓷、漆等传统手法,突出勾边

* 铜胎掐丝鎏金珐琅凤鸟

填色之图案纹饰。艺术特点为形、纹、色、光俱呈其妙，造型端庄古雅，纹样繁缛丰富，镂金错彩富丽华贵。特别至清代，沿袭明代制作规范，以其铜质精纯、胎体庄重、掐丝匀整、鎏金镀金淳厚，享誉世界。清乾隆时的景泰蓝工艺，已达完善臻美程度，外商多争贩出口，以获厚利。

掐丝珐琅器多日常用具，动物鸟类观赏器较少，此器即为其中之一。观此凤鸟，呈亭亭玉立状，凤首，双目，长尾比例和谐，且色彩艳丽，珐琅彩釉光滑柔和，制作极是精致细巧，于华丽中显示端庄，具有较高的艺术观赏价值，为典型的清中后期掐丝珐琅制作风格。此凤鸟为收藏家购于美国。

吕宋彩票十连张套票

清代
长：57.5厘米　宽：20.5厘米
蔡伯昌收藏

吕宋彩票，又称"吕宋票"。"吕宋票"发端于菲律宾，后由香港传入我国，此吕宋票系晚清年间西班牙在上海发行。当时，吕宋票由在沪各商行代理销售，在上海老城厢、外滩租界都有销售点。彩票全张十枚，单枚面值英洋6角。可现购，也可电话订购。开奖号码刊登于《申报》，中奖者可当场兑现。之后，随着西班牙在菲律宾战败而退出历史舞台。世事沧桑，能遗存下来的弥足珍贵。

此套票由彩票、购买通知单、封套、对奖号码组成。彩票为薄道林纸，编号"07899"，流水编号1~10号，三角形骑缝章赫然醒目。背面印中英文，标有发行单位、开奖时间、商行地址和彩票说明等内容。通知单呈

* 吕宋彩票十连张套票

竖式排列，套红印刷，印有贺词。封套亦套红，标彩票期数。购票日期为1891年11月，距今已110多年历史。此套票品相甚好，主附件齐全，实为珍罕。2007年，被央视鉴宝栏目专家评定为上海地区十大优秀奖之一。

红铜犀牛望月摆件

明代
高：16厘米　宽：14厘米　厚：5厘米
余斌收藏

犀牛，古称"兕"（读寺），属珍稀动物，为民间崇敬之吉祥物。该摆件由底座与铜铸犀牛组成。犀牛作卧地回望状，躯体壮实，尾巴朝右拢向腹部，脊背骨外突，背部饰云头如意纹，并夸张地托住一枚似古铜镜般的皓月，点明了"犀牛望月"这一主题，寓含着古人对美好生活的憧憬和向往。

* 红铜犀牛望月摆件

铜镜一面为变体饕餮纹,中间为乳钉,外圆边沿饰山形纹,典型的古铜镜制作工艺。整件摆件既夸张,又形象灵动,能予人一种古朴典雅之感觉,显示出设计铸造的匠心独到。

该件为红铜质地。红铜,即明代进口风磨铜,宣德年间首创,为明代铜器铸作之特有原材。其制作工艺相当繁复,而且在冶炼过程中还需加金、银等几十种贵重金属。此摆件包浆厚润典雅,做工精巧细腻,明代铜器之风格由此可见一斑。

红铜鎏金韦驮立像

明代

高:42厘米　宽:22厘米　厚:13厘米

姜清芳收藏

韦驮是佛教寺庙的主要护法神,梵语Skanda的音译,正确的翻译应为"塞健陀"或"健陀",佛经中尊称他为"护法韦驮尊天菩萨。"民间俗称"韦驮菩萨。"据说原为南方增长天王的八大神将之一,居四天王三十二神将之首,是众僧之保护神,后为释迦灵塔的保护神。其造像一般为身着中国古代武将服,立于天王殿弥勒佛之后。

此韦驮像,红铜铸造,外鎏赤金,着中国古代将服,身躯硕壮雄伟,神情威武坚毅,头戴高缨铠帽,瞠目而视,身着兜鍪、胸甲、战裙、乌鞋,饰带凌空飘起,缠肩而下,更显得这位神将勇武雄健,气势夺人。据说,韦驮这身戎装打扮,源于中国神魔小说《封神演义》的描述。韦驮像通常都持金刚杵,但此像没有,可能是当初造像的艺术再创作。无杵,更显得珍稀。

据此像的人物比例,铸造二艺以及脸部面容,具有明代佛像的特色。且保存完好,品相上乘,为明代佛像之珍品。

翡翠嘴银烟枪

清

长:62厘米　直径:3厘米

余梦如收藏

烟枪为旧时吸食鸦片之用器。鸦片清代后渐在朝野漫延,几成亡国

之害。因达官贵人并富庶之士的嗜好,而烟具也日见考究,多以珍贵材料精心制作。

这件烟枪纯银制作烟管,满饰花纹,先刻雕暗纹,以黑珐琅烧制装饰。珐琅上分别装饰花卉和文字"意足仍畅叙幽情"数字,下有"甲戌"纪年。从整体风格看,应是清嘉庆十九年即1814年所制。

烟斗为紫砂质,采用本山绿泥,古朴典雅,上有"阳次"、"郑记"等字样。烟嘴翡翠制成,质地纯净,水头好,翠绿鲜丽,使烟枪更增添华贵之气。

昔日烟枪已失去其使用功能,但其珍贵的材质,精美的工艺,成为一件特殊的珍贵藏品,并见证历史。

剔红祝寿纹九子盒

民国

高:10厘米　直径:50厘米

祝智明收藏

"剔红"为雕漆品种之一,又名"雕红漆"或"红雕漆"。此技法成熟

于宋元时期,发展于明清两代。技法常以木灰、金属为胎,在胎骨上层层髹红色大漆,至相当的厚度,待半干时描上画稿,然后再雕刻花纹。一般以锦纹为地,花纹隐起,给人以华美富丽之感。根据漆色的不同,有剔红、剔黄、剔绿、剔黑、剔彩、剔犀之分,其中以剔红器最多见。

此剔红祝寿纹九子盒以八个扇形小盘和中心一个小圆盘组拼在一个海棠形大盒内。雕工主要体现在盒盖上,中心为一个篆书圆寿字,四周有八组花卉环绕寿字,形成众星拱月、百花朝贺的吉祥图案。盖上八组花卉和中心圆寿字、盒内九子一一对应,内外格局一致。雕工细腻而不混沌,图案满幅而不繁褥。品相又十分完整,真不失为剔红器中的珍品。

白玉如意坐像观音

当代

高:14厘米　厚:8厘米

作者：王平

祝智明收藏

观音，原名"观世音"，系梵文 Avalokites' vara 的意译，也作"光世音"、"观自在"、"观世自在"等，俗称"观音菩萨。"此玉观音，成半结跏趺坐状，雕刻层次分明，细腻，神态自如，衣衫飘逸。束高髻，双耳垂肩，面相和善，目如翠黛，双目微启，栅桃唇。观音菩萨足前置净水瓶，右手托灵芝如意，左手举于胸前，掌心向外，五指舒展，施无畏印。如意观音为观音三十三身之一，此玉雕观音造像能给人以"皆得解脱"之神韵。菩萨背以隶书镌诗一首："佛德无边大如海，无限妙宝积其中，智慧德水镇恒盈，

* 白玉如意坐像观音

百千胜定咸充满。"此玉雕观音采用上乘新疆和田玉籽料,玉质晶莹温润,由沪上名家王平精心造像,2006年、2007年(丁亥)收藏者又请王平在菩萨背镌刻诗文。

王平,上海玉雕界最年轻的大师,1984年毕业于上海玉石雕刻工业学校,1989年到苏州玉雕厂专攻翡翠雕刻。2003年成立玉艺玉雕工作室。王平擅长雕观音,开相神态,均能达到出神入化的境界。王平的创作理念是:艺术不仅是描写现场,而且是一种个性的表露。白玉如意坐像观音,正是王平玉雕创作理念的体现。

乾隆窑变红釉水盂

清乾隆
口径:8.3厘米　腹径:11.8厘米　高:3.95厘米
吴啸雷收藏

清一代瓷艺超越前朝,青花、彩绘各类瓷都精彩纷呈,高温单色釉更是清初瓷的一大亮点,仅雍正一朝,就有天青、鳝黄、茶末、乌金等新品50余种,尤以窑变釉为藏家珍爱。

清初景德镇官窑成功烧制的窑变釉本系仿宋钧窑产品,雍正创烧时以蓝釉为主,呈火焰状窑变花纹,至乾隆时已能烧出以红釉为主的窑变釉,釉色艳若彩霞,浓郁厚润。窑变釉或丝絮状、或瑞云状或火焰状,变幻无穷,展示了窑变釉的视觉魅力。

这件红釉水盂正是乾隆窑变釉的代表作品,釉彩艳丽,制作规整,底面有一层均匀的紫金釉,厚配老红木底座,更显示其不凡的艺术品位。

天地福寿玉插屏

明代

高：31厘米（连座47厘米）　宽：　24.5厘米

张愉华收藏

　　插屏是屏风中的一个品种，因屏风直接插入底座，故名。插屏是古代家具中重要的观赏器物，其历史可溯源至战国时期。因插屏通常陈列于案桌之上，故又称"台屏"。

　　"天地福寿玉插屏"系明代遗存，屏芯无框，采用一块古玉直接雕刻而成。玉呈黑里间杂黄白色，其质显温润而厚重。玉上雕工具有明代工艺风格，古朴而厚实，溢拙趣。玉正背面四框均饰以回纹，并施以浅浮雕。正面中部雕八卦之首卦"三"乾卦，此卦寓意为天，四周雕有祥云、瑞鸟、摇钱树及房舍等吉祥图案。背面正中雕"福寿"，两边为地支12字，均系

篆文为之，从而使玉屏蕴含了古雅之气息。插屏木座制作精良，且别出心裁，两侧足为布泉，中横枨为左右布币中间方孔钱的组合，简练而凝重，其与玉屏上的"浮雕图纹"相映成"天地福寿""双全（泉）"。寓意隽永，匠心令人折服。

绿釉葡萄松鼠五管瓶

清康熙

瓶高：22厘米

张愉华收藏

该瓶底款为大清康熙年制六字款。造型别致，设计精巧，釉彩发色艳丽深重。瓶身上所塑八只松鼠形态各异,生动逼真。经几代传承,集欣赏与实用于一身。

五管瓶造型始自汉代,原为明器。其造型观赏性强,至清已作观赏陈设器来制作。清三代多有烧制,其釉色也是单色和彩瓷多种。

这件绿釉堆塑、填彩松鼠葡萄五管瓶正是清代同类五管瓶中的佳作。造型匀称,线条自然流畅、饱满圆润。瓶以肩腹部贴塑松鼠葡萄纹并松鼠八只,制作工致,写实中带有变形,空间位置准确,高下错落。瓶身旋翠绿釉。艳丽如翠玉,釉层厚润,因年代久远在釉表已形成五彩闪烁的"蛤蜊光"。松鼠葡萄纹分别填蓝、黄、紫、白、褐等色釉,色彩饱满。底面圈足露胎处见土红色窑红,底面绿釉,中刻画"大清康熙年制"六字楷款,字体流畅,笔画精致,全器保存完好,品相奇佳,是清代瓷中的精品。

* 绿釉葡萄松鼠五管瓶

金丝楠木四屉书桌

清初

高：85.3厘米　长：139厘米　宽：65.5厘米

朱耀东收藏

　　书桌，又称书案，传统书斋家具中的重器，历来受到文人墨客的重视与追求，在形制、用料及工艺上常常会不同凡响，从此金丝楠木四屉书桌中，我们便能领略一二。

　　此书桌制作年份系清初，明式做工，桌面光素，独板。方腿，由上而下渐细，足部内翻。托角牙板，不饰雕琢，简洁洗练。通长四屉，饰白铜面叶拉手，屉面及四周壁板都起"兜肚"工艺，简洁之中给人明快之感。四屉书桌不为常见，似此采用金丝楠木且年代又早的传世家具，存世稀少。观其形，此书桌造型比例适度，榫卯谨密，做工精细，不髹漆，以彰楠木纹理之自然，经长年累月抚摩，包浆柔润，简而不琐，秀而不丽，在浓浓的书卷气中，营造出一种苏作明式家具特有的空灵气息。

* 金丝楠木四屉书桌

陈寅生刻携琴双美图烟膏盒

清末

高：10厘米 宽：8.5厘米 厚：4.7厘米

陈寅生刻

唐宇收藏

陈寅生系清代著名刻铜大家，《清碑类钞》载："陈寅生，名麟柄。工篆刻，以手錾铜墨盒著称于同、光年间，凡入都门购文物者，莫不以有寅生所刻为重，足与曼生壶并传。"

陈寅生刻携琴双美图铜烟膏盒，白铜质地，长方形，站式，内置蓝琉璃胎，五面俱工。正面，錾携琴双美图，山石芭蕉下的桃花美女，姗姗而行，

◆ 陈寅生刻携琴双美图烟膏盒

窃窃私语，春风满怀。刻工考究，疏密有致，衣饰线条婀娜飘逸。铜匣背面，精刻一篇153字的诗文，落款"凤石陆润庠书，寅生刻。"陆润庠，系同治十三年状元，也是一位书法家，沪上著名的"童涵春"店号即出于此公之手。此件字体行楷，一丝不苟，刀法流畅自然，笔随心意，一气呵成，显示出这位铜刻大师游刃有余的高超技艺。铜匣的两侧面分别刻绘着山水与花鸟画，充满了清远而幽雅的情趣。盖顶面，刻有古钱、半瓦文及篆字，古朴而大方。整件作品，设计得体，书画并茂，精工细雕，品相完好，包浆温润，乃难得一见的铜刻艺术精品。

石叟制红铜坐姿观音

明末

高：18厘米　宽：14厘米

作者：石叟

孙慧荣收藏

明代晚期是个工艺美术异常活跃和繁荣的时期，闽地尤多名匠，制铜名家石叟即为其一。

石叟为僧人，善制嵌银铜器，作品多文人几案间的小件玩物或佛像，清雅精致，历来为玩家所重。

此尊观音坐像为铜质，质地偏红，手感沉重，为明代水红铜所铸。经数百年供奉，表面皮壳包浆厚润自然，光亮而内蕴。观音坐姿右倚书箱，神态宁静，慈眉善目，为典型的明代风格。

制作工艺精美，衣襟均以细柔的银丝镶嵌花草纹。背部有"石叟"

嵌款，字体在篆隶之间。经数百年岁月沧桑，仍保存完好，是难得的石叟遗珍。

* 石叟制红铜坐姿观音

黄花梨松下五老图笔海

清代

高：19厘米　直径：20厘米

林裕富收藏

笔海为黄花梨材质，貍斑木结纹清晰，色呈赭黄渐近紫赤，手感温润宜人。黄花梨为我国最珍贵木材之一，古称"花榈"或"花狸"。《本草拾遗》中说："榈木出安南及南海，用作床几，似紫檀而色赤，性坚好。"但清乾隆年后，黄花梨木源枯竭，其材质更显珍贵，故民间多见小件器物，其中

尤以笔筒最负盛名。然多镶嵌，或干脆素面，不髹漆，以显其木质之自然美。

此笔海外壁采用高浮雕技法，满雕"松下五老"图，崖壁、虬松、人物等一应俱全。"松下五老"，系指北宋仁宗时五位德高望重之退休官员，人称"睢阳五老"，他们常聚会于山溪林间，赋诗作乐，深得时人称赏，亦为历代艺人常用题材之一。笔海构图合理，刻画逼真，其采用的高浮雕技艺，娴熟圆润，故而更显其之珍贵。

黄杨木雕张飞打督邮

当代

高：18厘米

作者：徐宝庆

耿东旭收藏

　　"张飞打督邮"系取材于《三国演义》中的一段故事,它塑造了张飞的勇猛艺术形象。徐宝庆创作的这件黄杨木雕正是捕捉到张飞打督邮的霎息动态,将张飞的双目圆瞪、怒火冲冠的形象刻画得淋漓尽致,着重定格了"揪"的力度,从而使张飞疾恶如仇的性格,体现得呼之欲出。同样,也正是这一"揪",将残害百姓的贪官督邮的狼狈模样,刻画得惟妙惟肖。特别是右鞋脱落的狼狈腔,产生了一种令人痛快的艺术感染力。

　　徐宝庆(1926年—2008年),7岁起在上海土山湾孤儿工艺院学艺。成年后从事木雕艺术,1964年被授予雕刻工艺师和"海派黄杨木雕创始人"。1979年又获"为我国工艺美术事业作出重大贡献"的勋章。其作品多有被上海博物馆、上海工艺美术博物馆收藏。

"欧洲战胜纪念"瓷板画座屏

民国

高：39厘米　长：26厘米

熊中富收藏

　　该瓷板画座屏是民国时期一次世界大战胜利纪念之物。瓷屏满地布图，重工重彩，富丽堂皇，再现中华瓷图乾隆朝"古月轩"彩瓷风貌。瓷画以中国历史人物为主题，颂欧洲战胜之伟绩，题材极佳。瓷画红彩描金，图案中充填珐琅，人物传神，整幅瓷画气势非凡，赏心悦目。瓷屏中钤有

* "欧洲战胜纪念"瓷板画座屏

印章四方，分别为"民国"、"伟绩"、"施氏"、"维明"。题款："周公佐武王，伐纣兴，灭断绝，偃武修文，倡和平主义，救民于水火之中，载在史册，为中华最有价值之人物。此次欧洲战事，铲除强暴，幸达目的，同人制纪念画，留协约国战事纪念，目续周公相，以示永久和平之意云"。

施维明，民国期间景德镇商会会长，陶瓷实业家，且是民国时期任职最长的商会会长，商业巨头，全盘掌握景德镇的陶瓷颜料、瓷土、商铺等。座屏原存国外，2006年春际国际拍卖会上，国人以重金拍得，历尽艰辛，几转周折，将其始得重返故里。

粉彩四季山水双面彩瓷挂屏

当代

高：23厘米　长：78厘米

作者：汪平孙

熊春婕收藏

瓷板挂屏一套，两面施彩，一面为青绿山水，另一面为墨彩山水，均以春夏秋冬四季景色布图，跋题对应诗句，分别钤"平山"、"汪氏"印文，作品尽显珠山八友之一汪野亭先生始创汪派山水艺术风采。

双面釉瓷板，采用吊烧方法烧制，难度很大，成功率很低，且两面采用完全不同的绘画手法，将汪派最具特色的青绿山水和墨彩山水成功在一套瓷屏中展现，弥足珍贵。

汪平孙，1931年生，江西乐平人，画室平山草堂。汪小亭之长子，珠山八友之一汪野亭先生之长孙。自幼随父辈习画，擅粉彩山水。1950年考

* 粉彩四季山水双面彩长条瓷板

入江西省陶专艺术系就读。1990年前任教于南昌中学。退休后返景德镇设平山堂画室,彩瓷绘画。瓷画专著有《缱绻集》、《汪派山水瓷画选》,主要业绩收入《中国当代创业英才画册》、《中国专家大辞典》等。

布本千手千眼观音唐卡

清早期

高:100厘米　宽:58厘米

画芯高:48.5厘米　宽:34.5厘米

出处：青海省同仁县吾屯村（热贡）

曹天凤、卓么本收藏

唐卡，画面内容以宗教题材为主，系藏传佛教中一种独特的艺术形式。据五世达赖所著《大昭寺目录》记载，唐卡是在松赞干布时期兴起的一种新的绘画艺术。这是目前所见唐卡的最早记载。

千手千眼观音，是藏传佛教著名的观音造像。该幅唐卡为青海藏区热贡艺术清早期的代表作品，在绘画技法上别具一格，采用散点透视法，画艺纤细、笔法遒劲、设色墨染，层次分明，使用藏区特有的矿物颜料。佛、菩萨的衣纹以纯金点勾，作品法相庄严，天界锦绣，仪规法典。画面上

* 布本千手千眼观音唐卡

共有15尊菩萨,中为本尊千手千眼观音,左右为文殊菩萨和药师佛。上界中心为释迦牟尼,左右各有莲花生大士、宗喀巴、金刚手等6尊佛菩萨。下界从左至右为:吉祥天母、六臂玛哈噶拉和白财神,每一位佛菩萨都严格遵循《佛说造像量度经》的要求,同时法态生动、栩栩传神,体现出极高的艺术臻蕴和佛法修境。

周信芳《明末遗恨》戏单

民国

长:26.6厘米　宽:12.5厘米

陈云伟收藏

《明末遗恨》系京剧经典节目,演绎的是明末时闯王李自成揭竿而起,直至崇祯皇帝煤山自缢的故事。戏单为纸质,横向铅印。正面为该剧合演之全班人马,以及剧情简介,计14场,背面则为黄金大戏院（原大众剧场,现已拆除）广告,分演出时间表、领衔主演名单、新戏预告等内容。《明末遗恨》由周信芳、王熙春担纲主演。

周信芳为南派京剧的重要代表人物,京剧"麒派"之师祖,字士楚,艺名"七龄童",后改"麒麟童",工老生。解放后,历任中国戏曲研究院副院长、华东戏曲研究院院长、上海京剧院院长等职。京剧《明末遗恨》系周信芳于1935年结束北方巡演后,回沪在黄金大戏院首演,因其宣扬爱国主义思想,遂遭当局禁演。1944年再度公演,一时轰动沪上。该戏单即于当时印发,能遗留下来,足见其珍罕。

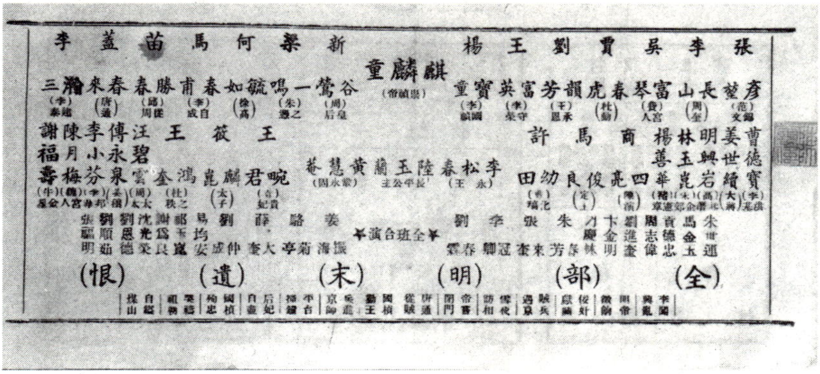

"大公篮球队"签名横帔

民国

尺寸：1. 长107厘米，宽42厘米

　　　2. 长112厘米，宽48厘米

程文斌收藏

"大公篮球队"1947年成立于上海，由当年菲律宾华侨"黑白"队大部分队员、《大公报》记者和几名上海篮球健儿组成。领队为时任《大公报》经理李子宽，副领队由费彝民、许君远担任，蔡连科任教练兼队长。球队成立后几年中，转战江浙一带，不仅参加过几届上海篮球联赛、市长杯赛，而且还参加过南京与杭州的赈灾义赛，以变幻莫测、灵活多变的战术和精湛的球艺盛极一时。解放初期，随着队员的调动，或国家队、或市队、

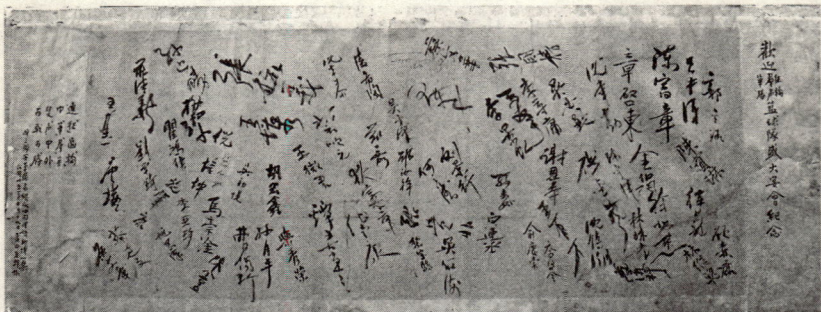

友队，或教练、教师，遂宣告结束。

　　此签名横帔诞生于1946年10月19日。当年上海体育馆、上海体育协会篮球委员会在福州路大西洋菜社宴请南方二虎"群声"、西南之豹"征轮"、北方之熊"华胜"，及社会名流时张挂等，所有与会者当场亲笔签名留念，多达200余人。横帔为宣纸装裱，古色古香。一幅两侧书有欢迎辞与宴请缘由，另一幅右边则书有以客队冠名之诗词一首，字迹清楚，饶有趣味。该签名横帔弥足珍贵，见证了中华体育健儿昔时之风貌。

鸡血石大屏《桃园结义》

当代

作者：钱高潮

梅园邮艺术中心收藏

　　鸡血石是中国特有的珍贵石种，由于它的色泽艳而不媚，血色沉稳而深邃，明丽的质地交相辉映，浑然天成而成就"石后"美名。鸡血石品种繁多，其中深透于石层中的红、白、黑三色是鸡血石名贵品种，称谓"刘、关、张"。

　　该鸡血石大屏由中国玉石雕刻大师钱高潮精心创作。作者将《三国演义》中的刘备、关羽、张飞在桃园中结义的场面天人合一，巧妙再现于鸡血石大屏之上，红色凸显"义"字在先的关羽的面庞，黑色表现勇猛、彪悍的张飞，白色表现狡黠的刘备。浑然天成的鸡血石与中国传统文化相结合，将历史故事凝固在鸡血石大屏之上，桃园结义美誉天下，鸡血石雕锦上添花。该大屏曾荣获中国西湖博览会中国工艺大师作品展特等金奖，在2008年上海世界华人收藏家大会"海派收藏精品展"上引为轰动。

八卦狮钮四足红铜熏香炉

明末

高：48厘米　宽：24厘米　厚：20厘米

夏乾峰收藏

香炉有熏香炉和供香炉之分，熏香炉历来为厅堂、书房用器，制作无

* 明八卦狮钮四足铜熏香炉

不精益求精,高雅脱俗。

这件八卦狮钮四足铜熏香炉器型巨硕,高达48厘米。炉颈、炉腹饰对称的螭龙纹,螭身作灵芝云状,庄严中有动感。盖身四面饰镂空八卦,盖钮为仰天狮状。四立足,圆柱状,各饰两环形弦纹。炉以水红铜铸成,外有棕黑色包浆皮壳,原配老红木底座。整件器物造型精美,气势宏大,品相完好,是明代晚期熏炉中代表作品。

明清两代铜炉遗存无疑千百,但制作精致,造型优美,材质上乘,保存完好者并不多见,此件熏香炉实是同类艺术品中的上乘之作。

杨庆和银楼制七层六角银塔

民国
高: 41厘米
杨庆和银楼
邵岚明收藏

金银摆件清代后工艺日精,官办作坊和民间工场均见制作,是当时的高档礼品,银盾和寿桃用于开张、生子或祝寿,屏风、宝塔则用于婚礼。

清乾隆三十八年(1773),上海创立第一家银楼杨庆和,至清末民初已有30多家。集中于南京路一带。

这件纯银七层六角宝塔即为杨庆和银楼出品,系用全手工打造,塔基、檐角、宝顶都精细入微,银铃迄随风而动叮铃作响。下有原配老红木底座,细红木框玻璃罩,外柚木盒光亮如新,盒内仍有杨庆和标签。

这件银塔不仅是一件完美的工艺品，而且是近代金银摆件制作中难得的实物资料，难能可贵。

VictorRadioRE-45 收音电唱两用机

20世纪20年代中期

高：145厘米　宽：80厘米　厚：45厘米

张明律收藏

VictorRadioRE-45（阿西爱）收音电唱两用机，前身"RADIOLA-45

（雷迪欧拉）"又称"胜利牌"10灯收音机，为箱体落地式。形似中式大橱，全柚木制作，做工精致，包浆厚亮。传统的中式门顶，廊柱式门框，两扇门上均浮雕文艺复兴时期欧美风格图案，端庄高雅。箱体由上下二层组成。上层内又隔成二档，上置电唱机与收音机。下层为音箱组合，箱面两侧浮雕变形牵牛花纹，中间饰欧美风格音箱布。箱体底部四足为罗锅枨"X"托泥。箱体背后无遮板。整部两用机造型雍容大方、精美华贵，为典型的中西合璧之风格。

此收音电唱两用机，机组采用10灯电子管，高频直接放大，低频45

* VictorRadioRE-45收音电唱两用机

号电子管推换功率放大电路。输出功率可达15W，能在上海收听调幅（AM）7个电台广播节目，并具收音功率洪亮、不串台、音域宽润，音质醇厚之特点，存世极罕，系上世纪20年代中期美国原装进口，价值不菲。

昌化鸡血石雕《灵芝如意》摆件

当代

高：26.5厘米　宽：24厘米　厚：10厘米

吴为定收藏

《灵芝如意》由摆件与座垫组成。摆件采用昌化"刘关张"鸡血石，石为扁态随形状，其上以浅雕手法琢以灵芝图案，简练而典雅，在取其吉祥含意的同时，尽可能保持石之本质。"刘、关、张"系鸡血石中的名贵品种，

* 昌化鸡血石雕《灵芝如意》摆件

此名源于文人雅士的意味,他们将质地色泽与朱砂冻鸡血石相似,但又不透明,并由白(黄)、红、墨三色伴生的鸡血石谓之"刘、关、张"。此摆件白红墨三色深透于石层之中,浑然一体,白如羊脂,红似鸡血,墨若漆胶,相得益彰,流光溢彩。

座垫用上等黄色昌化冻石,造型为山子状,秀峰、劲松、楼台、奇石,尽列其中,与摆石不同,形象细腻,雕工精美,营造出大千世界中的清隽意境。从而烘托起其上的"灵芝如意",给人以心旷神怡的遐想,亦显示出创作者的不同凡响的匠心。

碧玉西番莲纹赏碗

清

高:4.5厘米 直径:12厘米

祝智明收藏

该碗色呈墨绿,为新疆料雕琢,晶莹剔透,表面具油脂光泽,且包浆浑然。其胎壁薄如纸,叩之声脆,能映见碗面纹饰。碗面浮雕两珠硕大西番莲纹,叶叶相接,横贯碗壁。雕工精致细腻,纹饰灵动飘逸,色泽碧绿深沉,与人一种高雅宁静之意境,为典型的痕都斯坦琢玉风格。痕玉胎体多轻薄,精于打磨,纹饰又以莨苕、铁线莲、西番莲为主。清乾隆时,由回族贵族及清廷大臣进贡后,对清代琢玉产生重大影响。

碧玉,我国新疆天山多有出产,谓之"玛纳斯玉",有鲜绿、碧绿和暗绿几种。碧玉质地细腻、温润,油脂感强,为清乾隆中期宫廷常用玉种。此碧玉西番莲纹碗,颜色纯正,无杂色,雕工精细,掏膛平整光滑,具宫廷风范。

楠木缠藤纹香几

清中期

高：78.5厘米　几面：45.5×45.5厘米

朱耀东收藏

　　香几，用于置炉焚香，故名。在明清家具中，香几属陈设类家具，或厅堂或书室，均可一展俏姿，故香几成为家具收藏的宠物，在制作工艺上，通常都显得精美俏丽。

　　此香几，方型，楠木用材，制作工艺精良且考究，几面采用落堂式，四周起栏水线。腰板及花板，饰以缠藤纹，尤为精细的是在缠藤花板中又镶嵌拱形结子，融浮雕、透雕于一体，显示出别具一格之匠心。几腿内收，凤首足，下置托泥。底档采用冰裂纹。更值得一提的是，香几的四侧中端，都作凹洼处理，在工艺别致的同时，它又与香几面下的缠藤花板，相得益彰，予人一种华丽内敛、玲珑剔透的美感。同时，由于楠木的纹理综密美观，更凸显出香几的典雅气息。这些应是此件家具与众不同的独特之处。

* 楠木缠藤纹香几

寿山石雕贵妃醉酒

当代

高：21.5厘米　宽：27厘米　厚：6厘米

作者：林志峰

林春香收藏

　　贵妃醉酒摆件，系寿山荔枝冻所雕。荔枝冻为寿山石中上乘之印材，极为珍贵。摆件运用圆雕、镂空雕与高浮雕技法，楼台亭阁，虬曲老松、黛山流水，构成一幅完整的贵妃醉酒图，线条流畅，气韵生动。浪花形纹底座恰到好处，提升了作品文化内涵，使之更具艺术价值。此贵妃醉酒摆件为民间工艺美术师林志峰精心创作。

林志峰，全国青年民间工艺美术大师。其初学木雕，后改石雕，极擅长仙佛造像，作品刀法流畅，形神兼备，呈现一种质朴、大气和浑厚之韵味，屡获国家级、省市级各大赛金、银、铜奖。2002年，其作品《飞夺泸定桥》获"中国华东工艺美术精品展"金奖，并被苏州市工艺美术博览馆珍藏。

紫金釉描金海棠洗

清乾隆

长：16.2厘米　宽：13厘米

方镇聪收藏

清代瓷业技术的进步更多反映在彩绘瓷和单色釉瓷的制作上。单色釉又称一道釉，有低温和高温之分，高温的技术要求更高。在雍正时，官窑已新创单色釉品种50余种，嘉道时承其余脉，官窑仍见少量生产。

紫金釉棕褐色,由古代酱色釉演变而来,以铁为呈色剂,此件洗通体紫金釉,均匀厚润,底面有圆形支钉痕六个。全器海棠形,直壁。壁外金彩描绘夔龙纹六组,每组两条对称计十二。绘画工致,采用线描后填色渲染的笔法,极见功力,肩并口沿下多金彩双线勾勒。底面有"大清道光年制"篆体年号阳文印款,笔画处因高出釉面而稍淡呈酱黄色,整件器物制作水平高,应为道光官窑精品。

奇楠香 "瑞兽添寿" 摆件

清代

高:22厘米　长:33厘米　厚:18厘米

方镇聪收藏

奇楠香又称伽楠,性味辛甘,温而无毒,有生精醒脑、固脾保肾之药效,分黑、红、蓝、白、黄多种,产于东南亚,及海南、台湾、东南沿海。古书载"奇楠杂出海上诸山,凡香木之奇接窍露者,木立死,而本存,气性皆温,故为大蚁所穴,大蚁所食石蜜遗迹,其中岁久渐浸,木受石蜜气多,凝而坚

润则成奇楠"。有真菌寄生于材心,生成缓慢,末燃微有清香,燃时香气浓郁,能镇邪化煞,安魂定魄,宗教界奉为祭祀圣物。小块已不易得,大件更为罕见。

本摆件为天然奇楠香;黑中带紫,形一瑞兽,如龙似虎,盘根错节,虬屈卧伏,背峰之上有一神龟翘首引颈,四顾展望,鬼斧神工,惟妙惟肖。件品如此硕大,数百年孕育生成,供奉厅堂逢凶化吉,却病延年,天增岁月人增寿,大自然造化圣物,叹为观止。

银鎏金花丝镶嵌珐琅丹凤朝阳摆件

清代

高:20厘米

陈伟仑收藏

花丝镶嵌是传统的宫廷艺术,具有明显的中国民族特色,从春秋战国

* 银鎏金花绿镶嵌珐琅丹凤朝阳摆件

时代就开始制作，到明清时期发展到巅峰，被评为宫廷艺术"燕京八绝"之首，北京市非物质文化遗产。

花丝镶嵌是将金属抽成细丝再用织、编、掐、填、镂、焊、堆、垒、錾、攒、锤、镶等繁琐而复杂的工艺制作而成，产生一种富丽堂皇、雍容华贵的艺术魅力，帝王皇后的冠饰常以花丝镶嵌工艺制成。这件丹凤朝阳摆件以银丝编织，纹饰细密，通体鎏金，凤凰抬足独立，扭身回首，极为端庄而富于动感。其凤首、胸腹及尾羽饰以珐琅釉彩，呈红黄兰绿白五色，透明晶莹，色彩艳丽，与鎏金羽毛交相辉映。翅羽、尾羽各镶纯色玛瑙数颗，整件作品流光溢彩，玲珑典雅，雍容富丽，展现了中华民族能工巧匠的精湛技艺和聪明智慧。

龙泉青釉牡丹碗

当代

口径：25厘米 高：6.6厘米

作者：徐朝兴

谢德敏收藏

徐朝兴系著名龙泉青瓷艺术家、中国工艺美术大师、国家级"非遗"龙泉青瓷传承人。徐朝兴13岁拜师学艺，50余年勤耕不辍，先后荣获全国陶瓷设计评比金银奖数十次，作品多次被指定为国家级礼品，并被中南海紫光阁及人民大会堂作为国宝予以收藏和陈列。

"青釉牡丹碗"以牡丹花纹为主题，配以跳刀水波纹，碗沿向外折边，不囿于传统器形，集古瓷之神韵和现代创作理念于一体，推陈出新。釉呈梅子青色，青翠欲滴、温润如玉。釉下所刻牡丹图案淡雅清秀，含蓄内敛，周边浅浅的水波纹似动又静，将传统的跳刀技法不断创新。青釉牡丹碗的底足也刻有流畅的线条。作品整体造型布局合理匀称，纹饰、线条简约优雅，质朴自然。其精湛的工艺和超凡的艺术效果相得益彰、和谐完美。无论从造型、釉色、工艺等各方面都堪称是徐朝兴青瓷艺术生涯巅峰时期的经典力作。

* 青釉牡丹碗

灵璧石"吉庆有余"磬

明代

石长：51.5厘米 架高：60厘米 架宽：81厘米

钟杰收藏

　　灵璧石又称"磬石"，产于安徽宿州灵璧县，故名。春秋时《尚书·禹贡》称为"泗滨浮磬"。宋代诗人方岩曾赋诗赞美："灵璧一石天下奇，宝落世间何巍巍，声如青铜色如玉，秀润四时岚岗翠。"

* 灵璧石"吉庆有余"磬

灵璧石集漏、透、皱、瘦、清、奇、怪、响于一身，诸美兼备，奇绝天下。清代乾隆皇帝曾美誉其为"天下第一石"。灵璧石因敲击声音清脆悦耳，常磨制成磬。本灵璧石磬鱼型，天然形成，如鲤似鳜，鬼斧神工。此为明代时文人爱物，书余击磬，养心怡神，希冀鱼跃龙门。原有框架早已毁损，本框架为清乾隆时重配，底部重工精雕江涯海水，波涛翻滚。横梁两首以夔龙双出头，亦为早日跳龙门出头之意。此宝天成，质地坚实细腻，击声清悦悠长，余音绕梁。气韵苍古凝重，包浆浑厚润泽，巧合击庆有余，堪称石中之瑰宝，拱置厅堂，满室生辉，别具神韵。

刘海粟《黄山始信峰图》

刘海粟（1896年—1994年）

设色纸本　镜片　136×66厘米

陈振东收藏

款识：年方九三上黄山　绝壁天梯信笔攀　梦笔生花无定态　心泉涌现墨潺潺　一九八八年七月二十五日　作此第二件也　刘海粟十上黄山泼彩　年方九十三钤印：海粟画记（朱）、存天阁主（白）心迹双清（白）、海粟欢喜（朱）

刘海粟，原名槃，字季芳，号海粟，别署海翁、静远老人、存天阁主，江苏常州人。青年时代两次渡日，两次旅欧。中国画以山水、花卉见长，书法擅行草，早年学油画。1912年17岁时在上海创办"上海图画美术院"后改为"上海美术专科学校"，亲任校长。上世纪70年代后，又创造泼墨

泼彩山水画,将墨色与石青、石绿,再加朱砂、锌白,使画面狂放泼辣,大胆而有气魄,展现五彩缤纷、绚丽壮观,有一种雄伟壮丽之美。特别是他年逾九旬,十上黄山,将他内心感受到的大自然雄浑奇异倾注笔端,宣泄画面,形成豪情有力之美。

本幅作品为他十上黄山的作品,当天已作了一幅,豪情不减再创第二幅。作品先以泼墨宣纸自然渗化,展示云雾中的山峦,妙墨天成,变幻莫测。再用青绿石色复泼以增幻化,三以石涛笔意勾勒黄山奇松,特别是"梦笔生花"奇观,似真似幻。黄山的云海、苍松、奇石尽收笔端。山的雄伟壮丽与海老的笔墨融合、翻滚、喷薄而出一泻千里,才出现了本幅佳作。左下压角章"昔日黄山是我师,今日我是黄山友",道出了海老的自信与自豪。

后记

在迎接世博会的时刻,《海派收藏》终于付印了。

在中国当今民间收藏舞台上,海派收藏以其特有的魅力而独步于海内外,越来越引起人们的重视。同时,海派收藏亦与海派文学、海派服饰、海派建筑、海派饮食一样,成为海派文化的重要组成部分及载体。形成于上海1843年开埠的海派收藏,经过岁月的沧桑,早已从有钱人的专利,演变成飞入寻常百姓家的都市文化景观,但至今仍没有一部以撰述与介绍海派收藏的读物,本书可能是迈出的第一步,尽管她还有种种不足。

《海派收藏》能付印,首先得感谢董之一兄,是他给我与文汇出版社的桂国强先生牵线搭桥。再次,我要感谢张衍编辑,是他一而再地催促,才使我们如期地完成任务。当然,更要感谢李伦新先生,我与他已认识近二十余载,当时,他还是我的父母官,后来他成为我的师长,一位我所崇敬的文化人。正是这位师长,长年来,不仅对民间收藏事业给予了极大的热情,而且还为《海派收藏》一书,多次给予了指点与关注,令人难以忘怀。

本书的一、二章,是我写的,从海派收藏起因、发展及特色,以及市场都作了阐述,有些还是颇具特色的,例如海派古玩行话。第三章是我的45年前的老同学顾惠康执笔的,从读中学时,我们就是热情可爱的文学发烧友,都曾经做过迷人的作家梦。顾惠康涉足收藏家采访,是近年来的事。第三章总共介绍了42位沪上的藏家,由于篇幅的关系,肯定会挂一漏十,还乞望大家见谅。但写进书中的42位藏家,应该能代表"文革"后海派收藏家的风采,其中像钟表收藏家的王安坚、钱币收藏家马定祥、算具收藏家陈宝定等,应该是已故海派收藏家的代表人物。还有健在的京剧戏服收藏家包畹蓉、筷子收藏家蓝翔、船模收藏家徐滨杰等,都是当今海派收藏的佼佼者。书的第四章是介绍各种藏品,这些藏品虽不是稀世珍宝,但却能折射出海派收藏的风采。

在本书的编著过程中，我们还得到了陶鸿兴、袁华明、陈正等先生的帮助，在此一并表示感谢。

书是印出来了，但我们还是以诚恐诚惶的心情，静候每一位读者的指点。

吴少华书于大言斋

庚寅二月初二

跋

近来十分流行"创意"二字，如美术创意、建筑创意、文学创意等等，因其名目繁多而目不暇接，又因大多陌生而超然处之。但上海大学海派文化研究中心主任李伦新同志提出编辑《海派文化丛书》的创意使人精神一振，耳目一新，对我们从事文化工作的人来讲，正是思之无绪的良策，事之无措的善举。

此创意特色有三：

一是纵横驰骋，自成体系。该系列丛书将由海派书画、海派戏剧、海派建筑、海派文学、海派电影等方面近三十本书组成，基本囊括了能反映海派文化的各个领域，其中6本书将在2007年8月的上海书展上面世。此后每年出版7至8本，争取在2010年出齐，向世博会献礼。

二是叙述简洁，形式新颖。上海，不管你是否喜欢，它在近两百年内迅速发展成为一个国际大都市，并在中国占有重要地位的事实是无可置疑的。因此，上海是一个世人瞩目的、值得研究的、又众说纷纭的一个课题。论述上海、反映上海的书籍纷繁浩瀚，它们各有见解，各具特色，拥有各自的读者。有的是学术性的，史料翔实，论证严密，但曲高和寡；有的是文学性的，情节曲折，故事生动，但内中难免掺杂作者个人的情感，而有失公允；有的是纪实性的，历史掌故和人间悲欢离合尽收其中，但珠玑散落，难以荟萃。丛书力图博采众长，"合三为一"，以纪实为主，兼顾史料的真实和文字的优美，并采用图文并茂的编辑方法，使之成为一套新颖的研究上海，介绍上海的书籍。

三是内容丰富，面向大众。丛书对海派文化的各个领域，诸如：戏剧、书画、建筑、文学、风俗等，既有宏观的研究与阐述，又有具体的描绘与剖析，向读者展示了一幅绚丽多彩的海派文化起源、发展、形成、深化的历史长卷，令人信服地得出这样的结论：海派文化造就了被誉为"东方巴黎"和"东方明珠"的上海，形成了"海纳百川"、"精明求实"、"宽容趋新"等上海人的社会人格。丛书既是研究上海的学术著作，又是介绍上海的通俗读物，具有书柜藏书和案头工具书的双重功能。

上海市对外文化交流协会是进行中外文化交流的专门机构，以弘扬优秀传统文化和汲取世界先进文化为己任。协会成立20年正是上海改革开放取得辉煌成就的20年。协会乘势而为，解放思想，开拓进取，积极拓展外联渠道，构筑中外交流的平台，广泛开展国际社会科学、金融经济、科学技术、文化艺术交流，增进同世界各国人民的友谊和理解，成为上海的一个有影响的中外文化交流的窗口。我们在获悉丛书的编辑思想和出版计划时，就感到双方是心心相印的，所以决定对丛书出版给予经济上的支持。我们认为此举是对建设上海文化事业的支持，是对弘扬民族文化的支持，也是对自身工作的支持。

因为工作的缘故，经常有外国朋友赠送一些介绍他们的国家或城市的书籍。这些书籍装帧精美，内容言简意赅，形式图文并茂。由此联想，在丛书中选择若干本或若干章节翻译，汇编成书，那也是一种十分可取的介绍上海和宣传上海的内容和形式，特别对于将在2010年举办世博会的上海来说尤为如此。

本丛书的出版已引起有关单位的重视和关注。文汇出版社已将本丛书列为2007年出版计划中的重点书，并配备了业务能力强的文字和美术编辑；外宣部门认为这套丛书是很好的外宣资料，是世博会的一个很好的配套工程；有的图书馆反映查阅上海资料的读者日渐趋盛，这套丛书的出版适逢其时，将为读者提供更多的方便。

还必须强调的是丛书的编辑和出版也得到了作者的大力支持。去年年底，编委会召开部分作者参加的笔会，其中不乏畅销书的作家，编委会对他们提出了创作要求和交稿时限。尽管要求高、时间紧，但是作者均积极配合，投入创作，为第一批丛书在2007年8月的书展上与读者见面创造了条件。为此，有的延误了申报高级职称的机会，有的推迟了其他的创作计划，有的不厌其烦数易其稿。

　　天时、地利、人和似乎都护佑着丛书的面世。丛书是时代的产物，是集体智慧的结晶。

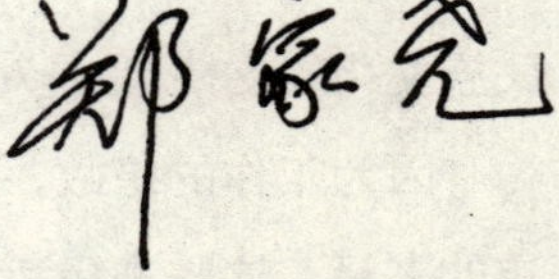

郑家尧

2007年7月

（本文作者为上海市对外文化交流协会副会长兼秘书长）

图书在版编目（CIP）数据

海派收藏 / 吴少华，顾惠康著. — 上海：文汇出
版社，2010.5
　ISBN 978－7－80741－857－3

　Ⅰ.① 海…　Ⅱ.① 吴…　② 顾…　Ⅲ.① 收藏—上海市
—文集　Ⅳ.① G894-53

中国版本图书馆CIP数据核字（2010）第050848号

海派收藏

作　　者 / 吴少华　顾惠康
丛书主编 / 李伦新
责任编辑 / 张　衍
装帧设计 / 周夏萍

出 版 人 / 桂国强
出版发行 / 文汇出版社
　　　　　上海市威海路755号
　　　　　（邮政编码200041）
经　　销 / 全国新华书店
照　　排 / 南京展望文化发展有限公司
印刷装订 / 上海港东印刷厂
版　　次 / 2010年5月第1版
印　　次 / 2010年5月第1次印刷
开　　本 / 640×960　1/16
字　　数 / 220千
印　　张 / 19

ISBN 978－7－80741－857－3
定　　价 / 36.00元